ニューノーマル時代の自分で稼ぐ力

給料頭打ちの50代、
転職しにくい40代、
家族が増える30代
の必読書

もふ社長@
もふもふ不動産

KADOKAWA

「サラリーマンだし、3億円を稼ぐなんて無理だ」

そう思いながら、冷やかし半分で
この本を手にした人もいるでしょう。
でも、2年前まで僕は普通のサラリーマンでした。
皆さんと同じように山のような仕事を抱え
残業に振り回される毎日を送っていたのです。

しかもリーマン・ショックという
日本、そして世界を襲った危機にあおりを受け、
「生活が立ち行かなくなるかもしれない」
という状況にも陥りました。

でも、これが僕のターニングポイントになったのです。

「自分で稼ぐ力をつけなくてはいけない」

この考えが身についてから僕の人生は変わりました。

新型コロナウイルスにより、これからの生活に不安を感じている人、
いや、すでに生活が苦しい局面に
入っている人もいるかもしれません。
そんな人にこそ、この本を読んで
「自分でお金を生み出す方法を身につけてほしい」のです。

サラリーマンだからできない、時間がない
という言い訳のマインドブロックをはずし、
会社で得たスキルを副業に生かし、
億単位で稼げるようになるのはあなた次第です。

会社にも社会にも頼れない今だからこそ、
自分で稼ぎ、自分の生活と夢と自由を手にするため
この本をきっかけに
一歩踏み出してくれればと願っています。

はじめに

2020年3月、世界的に株価が暴落——。新型コロナウイルスの流行で日本の企業も大打撃を受け、縮小、休業、倒産などのニュースが連日報じられました。

僕の周りの会社員たちはリモートワークや一時帰休という状態で、減給やリストラにいつあうか……と先の見えない不安に今も直面しています。

それは、2008年の僕自身の姿です。

2008年9月に起こったリーマン・ショックを覚えているでしょうか。世界規模の金融危機が勃発し、当時も世界中の経済が大混乱しました。

あの騒ぎの最中、皆さんはどのように過ごしていましたか?

僕は28歳で、大手企業で好きな仕事をして、それまではすべて順風満帆、一

PROLOGUE

はじめに

生安泰だと思っていました。チームのメンバーと「世界初の技術を開発する！」と本気で燃えて、悩みといえば残業がめちゃくちゃ多かったことくらいです。でも好きな仕事とはいえ日曜の夜は憂鬱で、現実逃避から浪費に走ったりしました。2年ごとに車を買い替えて……先のことなど考えていませんでした。

それが、リーマン・ショックでいきなりどん底に突き落とされたのです。好調だった会社の業績は過去最悪の赤字になって潰れそうになり、突然「会社に来なくていい」と言われ、週休3日になりました。

もちろん残業はなくなり、賞与も激減。転職しようにも業界全体が沈みかかっていました。会社が潰れたら1年生活できるかどうか……そんな状況でした。

僕は初めて思いました。

稼ぐ力が欲しい。

今までは会社に仕事を与えられ、お金をもらっているだけだった。

会社の枠の外で、僕一人でお金を生み出せなければ住む家さえ失ってしまう。

でも、何をどうすればいいのかさっぱりわかりませんでした。とりあえず英語を習ったりＭＢＡの勉強をしたりしましたが、ちっとも明るい光が見えてきませんでした。毎日、樹海の霧の中を歩いているような絶望的な気持ちでした。

なんとか会社は潰れずにすんだものの、危機感を肌で知った僕は、以後、会社員を続けながら右往左往して、10年以上かけて稼ぐ力を身につけました。

株式投資で通算２０００万円以上の利益を出し、

不動産投資も始めて現在、総資産３億円、純資産１・５億円になり、

ブログやYouTubeからも月２００万円ほどの収入があります。

２０１９年３月に会社を円満退社した後は、さらに月１０００万円の安定収入を目指して新たなビジネスを立ち上げています。

会社員の自分がなぜ、どのように稼いでいるかを解説する僕のYouTubeチャンネルは開始2カ月で登録数４０００人を超え、今は26万人を突破しました。多くの人が「稼ぐ力をつけたい」と思っていることを痛切に感じています。

だから、コロナ禍のニュースを見て、僕はこの本を書こうと決めました。

ニューノーマルと言われる今、年功序列、終身雇用がデフォルトでなくなり、

PROLOGUE

はじめに

会社が従業員の生活を一生守ってくれる時代は終わろうとしています。

樹海の霧の中で僕はどっちの方向にどう進んでいいのかまったく見当もつきませんでしたが、今の僕なら稼ぐ力をつけるためのロードマップを描けます。

その地図があれば僕が10年かかったことを1年で達成する人もいるでしょう。


正確には、地図そのものを渡すのではなく、地図の作り方を伝えたい、と思いました。なぜなら僕の人生と皆さんの人生は違うので、僕が歩いた道の地図をたどっても必ずしも全員が望み通りの行程になるとは限らないからです。でも、地図の作り方を知ればそれぞれが望むようにアレンジできます。

ただし、人一倍もがいて遠回りした経験者として言わせてもらうと、地図を見ていても道に迷う人はいます。

僕がなかなか樹海を抜けられなかったのは、「お金をもらう」と「稼ぐ」の違いに気づけなかったからです。与えられた仕事でもらえる給料と、自分で0から1を生み出して稼ぎ出すお金は、別の法則で動いていました。

だからまず、会社員のマインドブロックやリミッターを外すことが必要です。

実は、稼ぐためのスキルそのものは会社員としての仕事とさほど変わらないので、思考のフックさえ掛けかえれば、稼げる力は急激に加速します。

そのため、僕が示すロードマップの作り方は、次のステップで進みます。

ステップ1　稼ぐ脳に書き換える（＝1章）

桁違いに稼いでいる人たちから僕が直接学んだ思考や行動の中から、これだけは知って欲しい、真似して欲しいという内容を選りすぐって集めました。

⇐

ステップ2　労働収入から資産収入に変える（＝2章）

バカがつくほどの浪費家でお金の不安に押しつぶされそうになった僕が、どのようにそこから抜け出したか。その脱出方法とお金の知識をまとめています。

⇐

ステップ3　実際に稼ぐための戦術を立てる（＝3章）

株式投資、不動産投資、ブログ、YouTubeについて具体的に稼ぐスキルを書いた実践編です。4つのうち興味のあるところから読んでくれれば結構です。

PROLOGUE

はじめに

これをヒントに、自分らしい付加価値をプラスして僕より稼いでください！

2章の知識、3章のスキルに関する本はいくらでもあり、それは全部正解です。でも、その通りにやっても失敗する人がいるのは稼ぐ思考ではないからです。だからぜひ、この順に読み進め、考えて、行動してもらえたら嬉しいです。

忙しい皆さんに役立つよう、本当に重要な要点だけをわかりやすくピックアップしましたが、結果的にかなり分厚い本になってしまいました……。

よく「魚を与えるのではなく、魚の釣り方を教えよ」と言いますが、稼ぐ世界もまさにそれです。一問一答のように答えを得ても変化のスピードの速い現代社会ではすぐに風化し、稼げなくなってしまいます。でも、一度、釣り方を覚えた人は一生魚を釣って食べていけるし、一生稼ぐことができます。本書もそんな風に役に立つことを目指しました。まさに〝地図の作り方〟です。

お金があれば幸せ、お金がなければ不幸とはまったく思いませんが、お金があればできることが増えるし、可能性が広がります。

一生ものの稼ぐ力をつけて、思い通りの人生を歩んでいきましょう！

目次

CHAPTER 1

稼ぐ脳に書き換える9つの戦略思考法

会社に守られている脳から自ら稼ぐ脳に書き換える方法

CONTENTS

CHAPTER 2

稼ぐためのロードマップを描く

労働収入から資産収入へシフトチェンジ

CHAPTER 3

稼ぐための戦術を実行する

資産を爆増させる4つの戦略

株式投資のロードマップ　081

CONTENTS

不動産投資のロードマップ　135

ブログ投資のロードマップ 189

CONTENTS

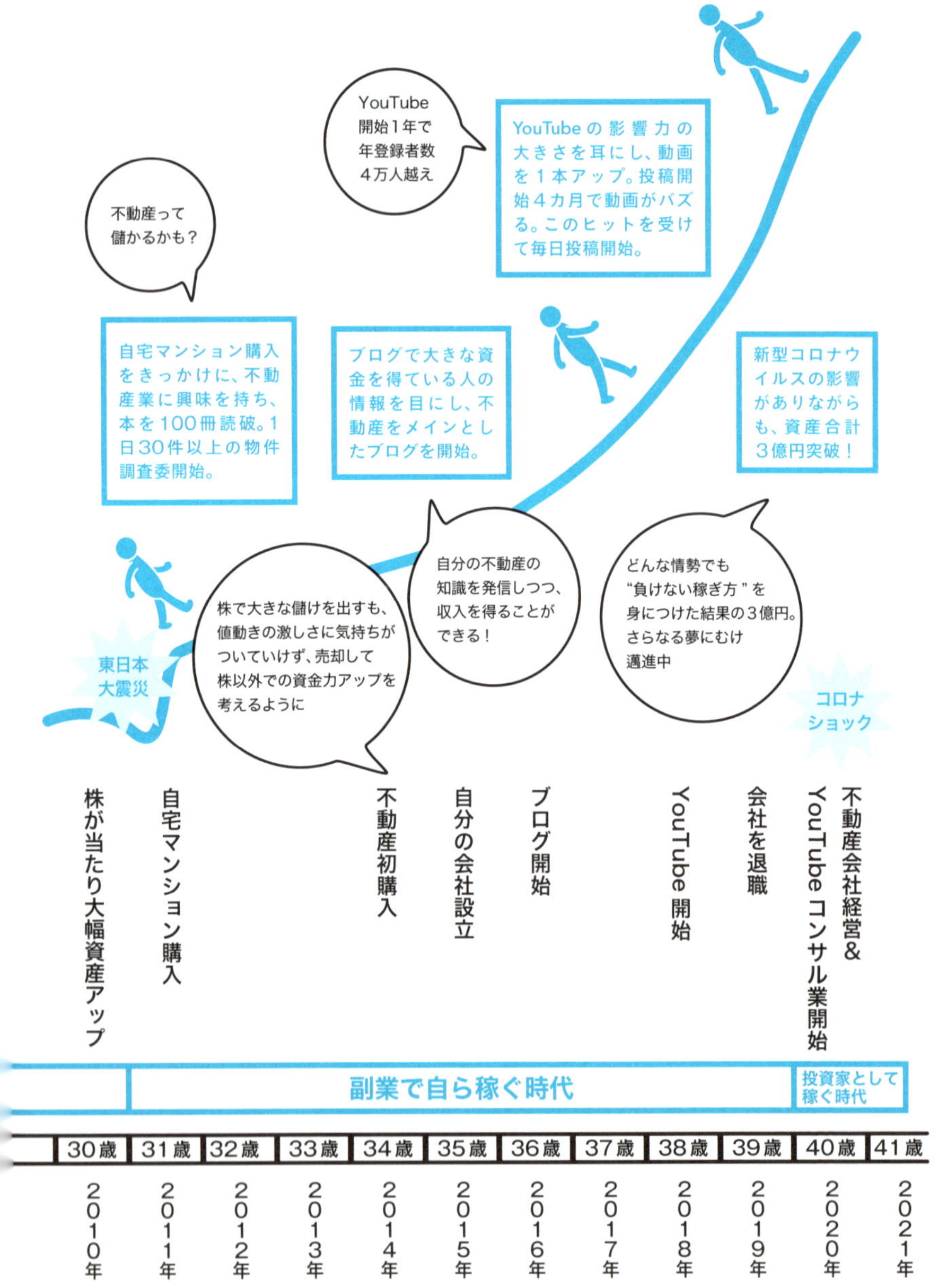

YouTube開始1年で年登録者数4万人越え
YouTubeの影響力の大きさを耳にし、動画を1本アップ。投稿開始4カ月で動画がバズる。このヒットを受けて毎日投稿開始。
不動産って儲かるかも？
自宅マンション購入をきっかけに、不動産業に興味を持ち、本を100冊読破。1日30件以上の物件調査委開始。
ブログで大きな資金を得ている人の情報を目にし、不動産をメインとしたブログを開始。
新型コロナウイルスの影響がありながらも、資産合計3億円突破！
自分の不動産の知識を発信しつつ、収入を得ることができる！
どんな情勢でも“負けない稼ぎ方”を身につけた結果の3億円。さらなる夢にむけ邁進中
株で大きな儲けを出すも、値動きの激しさに気持ちがついていけず、売却して株以外での資金力アップを考えるように
東日本大震災
コロナショック
株が当たり大幅資産アップ
自宅マンション購入
不動産初購入
自分の会社設立
ブログ開始
YouTube開始
会社を退職
不動産会社経営＆YouTubeコンサル業開始
副業で自ら稼ぐ時代
投資家として稼ぐ時代
30歳 31歳 32歳 33歳 34歳 35歳 36歳 37歳 38歳 39歳 40歳 41歳
2010年 2011年 2012年 2013年 2014年 2015年 2016年 2017年 2018年 2019年 2020年 2021年

僕の3億円へのロードマップ

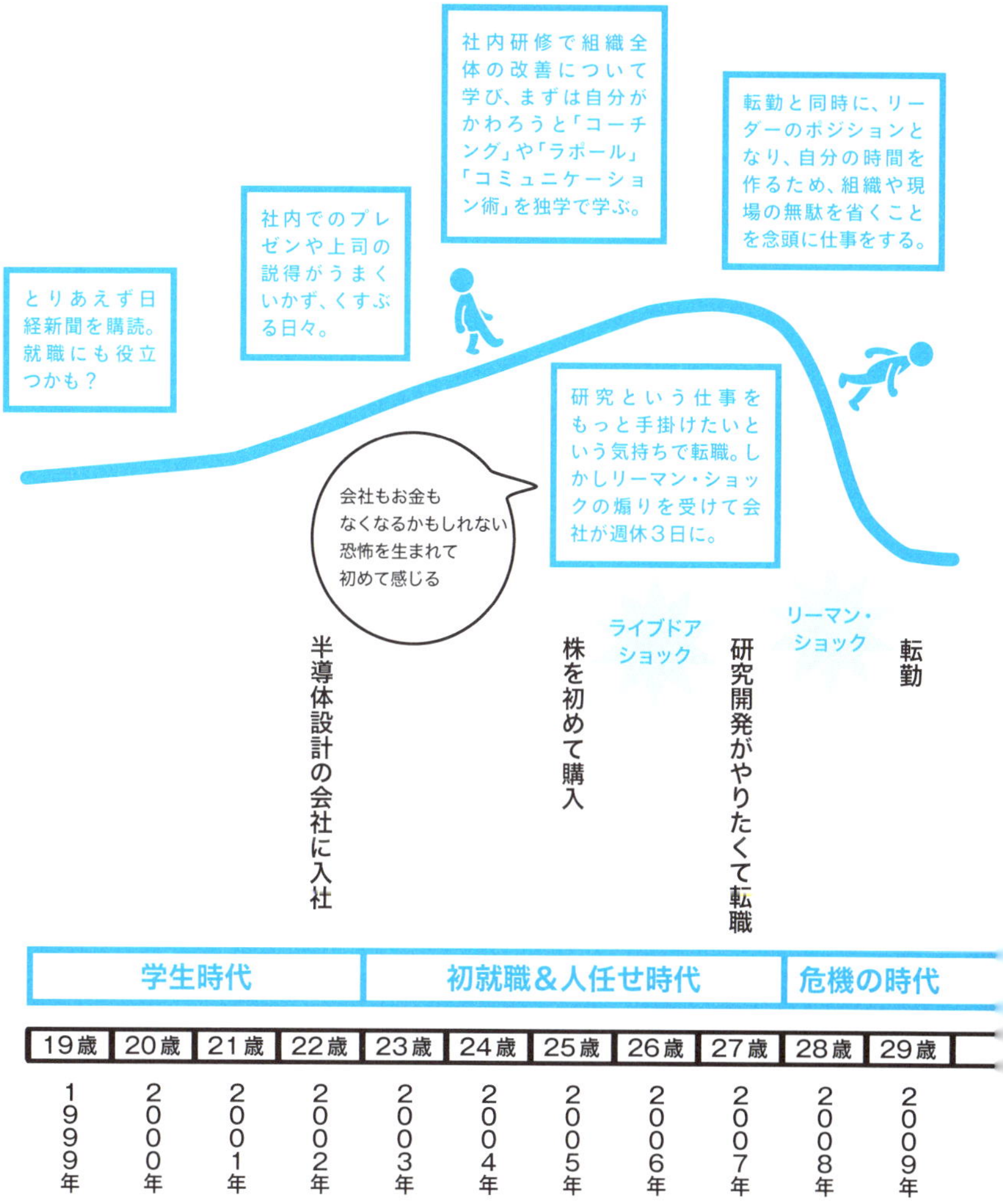

とりあえず日経新聞を購読。就職にも役立つかも？
社内でのプレゼンや上司の説得がうまくいかず、くすぶる日々。
社内研修で組織全体の改善について学び、まずは自分がかわろうと「コーチング」や「ラポール」「コミュニケーション術」を独学で学ぶ。
研究という仕事をもっと手掛けたいという気持ちで転職。しかしリーマン・ショックの煽りを受けて会社が週休3日に。
転勤と同時に、リーダーのポジションとなり、自分の時間を作るため、組織や現場の無駄を省くことを念頭に仕事をする。
会社もお金もなくなるかもしれない恐怖を生まれて初めて感じる
半導体設計の会社に入社
株を初めて購入
ライブドアショック
研究開発がやりたくて転職
リーマン・ショック
転勤
学生時代
初就職&人任せ時代
危機の時代
19歳
20歳
21歳
22歳
23歳
24歳
25歳
26歳
27歳
28歳
29歳
1999年
2000年
2001年
2002年
2003年
2004年
2005年
2006年
2007年
2008年
2009年

これからあなたの「億を手にするなんてできるわけない」という
マインドブロックを外して、「稼ぐ力」をつけるための
自分だけのロードマップの描き方をお伝えします。
先ほども言ったように僕のやり方をそっくりそのまま真似しても
成功するとは限りません。
なぜなら僕とあなたの歩んでいる道は違う道だからです。
でも、僕の「成功した道の描き方」の真似をしながら考えていけば、
より確実に速いスピードで皆さんも「自分だけの成功する道」を描くことができ
「稼ぐ力」をつけることができるはずです。
ページをめくり、気になることがあれば即行動に移してみてください。
その小さな一歩が、人生を大きく変えてくれます！

CHAPTER 1

稼ぐ脳に書き換える 9つの戦略思考法

会社に守られている脳から 自ら稼ぐ脳に書き換える方法

01

サラリーマンを続けていても一国一城の主になれる

僕は二重にラッキーでした。会社が潰れそうになったから、危機感を持って自分で稼ぐのに必死になれたこと。そうはいっても、まだ会社員で安定収入があるうちに新しいことにチャレンジできたこと。

本業があるのとないのとでは心の余裕度がまったく違います。会社を辞めて背水の陣で一気に稼ごうとする人もいますが、僕は心配性なので、それで溺れたらどうなるんだ……と不安です。そもそも、安全領域を残しながら余力で新しいことに挑戦したほうが選択の道が増えるので、成功確率は上がります。

かといって会社員一本で富裕層になれる人はほんの一握りです。皆さんの会社で経営陣に昇りつめることができるのは何人でしょう？　会社で必死に頑張って給料を上げるより、副収入の道を探したほうが簡単だし、額も桁違いだ

し、実働以外の時間もお金を生み出すことが可能です。

実際、僕は副業を始めて3年後には取締役の年収を超えることができました。

今の時代、何がバズるかまったくわかりません。年収25億円の小学生もいて、大卒初任給なみに稼いでいる主婦系YouTuberもざらにいます。学歴や才能や今の年収や実績は関係なく、誰もが一国一城の主になれるチャンスがザクザク転がっています。一方で、いきなり予期せぬ飢饉や戦に巻き込まれるリスクも高まっています。だからこそ、大きな城に奉公しながら自分で旗揚げできる副業は最善の道なのです。

では、何で稼ぐか――ですが、手法はいくらでもあります。何をやっても稼げる人はいるし稼げない人もいます。その違いは何かといえば「稼ぐ脳」です。稼ぐ人はどういう思考やパターンを持っているのか。そこから話を始めます。

まとめ

会社勤務で定期収入を確保しつつ、自ら稼ぐ道を探そう

02

天才じゃなくてもいい、稼げるオタクになる

僕自身、学生時代はか[*1]なりのゲーマーで、一日中ゲームばかりやっていました。今も投資家仲間とオンラインゲームで競ったりしています。そんな僕の経験から断言できるのは、「ゲーマーは副業で成功する」ということです。

ゲーマーに限らずオタク気質の人、体育会系でもなんでもいいですが熱中できる趣味を持っている人、一度でも何かにのめりこんだ経験のある人――。

なぜかというと、稼いでいる人たちは天才でも、生まれつき幸運に恵まれているわけでもないからです。圧倒的に努力しています。その努力とは「ゲームや趣味レベルで楽しいから、ついやりたくなってしまう」という種類のものです。逆に言うと、それだけ〝自分にとって〟楽しいと思えることを見つけられるかどうかが稼ぐための鍵になります。

*1　特に格闘ゲームが大好きで、スト2やKOFという格闘ゲームで連日対戦していました。最高で30連勝以上したこともあります。ドラクエ、FF、ダビスタ、ポケモン、三国志など一通りやりました。

それを探すためには一度やってみることに尽きます。数撃てば絶対に何かひとつは当たります。何もやらずに悩んでいる人が多いのですが、やってみないと何が向いているのかはわかりません。リスクがないものは、まずやってみましょう。幸い今の時代は本でもネットでも稼ぐ方法がたくさん公開されているので、少しでも面白そうだと思ったら試してみてください。

好きなゲーム（＝楽しいこと）のためなら、

○膨大な情報を素早く調べて分析してプレイに反映させようとしますよね？
○新作が出たら情報をいち早く取り込んで最適な方法を模索しますよね？
○わからなくても試行錯誤して攻略しますよね？　失敗から学びますよね？
○時には何十時間もぶっ通しでやり続けられたりしますよね？

副業で稼ぐ、自分でビジネスをするのは、まさにそんな感覚です。いや、もしかしたら、ゲーム以上にエキサイティングで楽しいものだったりします！

まとめ

稼ぐには圧倒的な情報収集力、試行錯誤、集中力と熱意を

03

お金をくれて稼ぐスキルも教えてくれるビジネススクールは会社！

僕のYouTubeは一発撮りで編集なし、アナウンサーのような台本もなく喋っています。「すごい」と言われますが、十数年やってきたことなので、できて当然です。YouTubeを、ではなく、社内でのプレゼンを、です。

もともと理系の研究バカで「電子がグワーッとなるからドワーッとなる」のような説明しかできず、新入社員の頃はダメ出し[*2]をくらっていました。そんな僕を救ってくれたのが『図解　説明上手になれる本』（高嶌幸広著、ＰＨＰ研究所）です。この本のおかげで自分でも驚くほど説明がうまくなり、その経験から勉強↓スキルアップ↓成果↓仕事が楽しい、という好循環ができました。

それらは全部、副業にも役立ちます。思えば、給料をもらいながら稼ぐスキルを身につけさせてもらっていたようなものです。

＊2　この時のエピソードは、マコなり社長のYouTubeチャンネル「ダメ会社員から資産2億円になる方法」という動画で詳しく解説させていただいています。検索してみてください。新入社員の頃は怒られまくりのダメ社員でした。

YouTubeで使っているパワポも会社員経験があってこそ。毎朝、発表する係だったので、必要最低限の資料を30分足らずで作る訓練になりました。

その資料作成やプレゼン力は不動産を買うために銀行融資を受ける時にも活かせます。上司を説得するのも1億円の融資を受けるのも根本は同じです。

今、不動産を30部屋くらい保有していますが、僕はほとんど何もせず、外注チームに回してもらっています。これも会社で培ったチーム運営やタスク管理のおかげです。新しく始めたコンサルの仕事には部下育成のために勉強したコーチングが役立っています。

例えばメール1通送るだけでも「相手にわかりやすく論理的に伝えるためにはどう書けばいいのか」を工夫して、その試行錯誤で文章を書くスキルが上がります。何も考えずにメールを送っている人とはどんどん差が開きます。

日々、本業を頑張ることも稼ぐ力をつけるための戦術のひとつなんです。

まとめ

会社の仕事を通して自分の力で稼ぐための付加価値をつける

04

確実に儲かる投資は株でも不動産でもない、自己投資！

この本では稼ぐための手段として投資についても触れますが、先に言っておくと確実に儲かる投資はまずありません。ただし、ひとつだけ例外があります。自己投資です。これだけはリスクゼロで絶対にリターンが得られます。

ダメ社会人として出遅れまくった僕が投資家や経営者として好きなことができているのは、継続的に勉強することで周りに追いつき、追い越せたからです。

「勉強」と聞くと受験勉強のように思われるかもしれませんが違います。何でもよいので興味のあることを深掘りしたり練習すれば、すべて勉強になります。

ビジネス系のYouTubeを観て知らない単語を調べたり、ネットニュースで面白そうな事業を知ったら、その会社の株価や業績を調べたり。そして調べるだけでなく、すぐに仕事に応用したり、小額から株を買ってみたり、それについてブログを書いてみたり、実際に行動してみることも勉強です。

社会人で勉強を続けている人はたったの5％だと言います。僕自身『「1日30分」を続けなさい』（古市幸雄著、マガジンハウス）の本に励まされましたが、30分、1時間でも自己投資に時間を使えば1年後どれだけ差がつくでしょう？

では、何を勉強すれば効率的かというと、特におすすめは次の分野です。

①仕事を圧縮するための勉強（副業や自己投資をするための時間捻出法）
②仕事の専門知識を深めるための勉強（本業でも稼ぎ、発言力を高めるため）
③副業で稼ぐための勉強（まずは優良なSNSコンテンツや書籍がおすすめ）

幸い、昔のように図書館に行って百科事典を見て、なんてことをしなくてもネットで1秒で情報を取れます。逆にそれだけ時代の進み方も早いので、僕は常に最新知識と情報のキャッチアップを心がけるようにしています。

まとめ

勉強を続けるだけで上位5％の人間になれる

05

稼ぐのに〝遅かった〟はない！今、が最速のはじめ時！

多くの人から「今から株をやっても遅いですか?」「もうブログはオワコンですか?」というような質問が寄せられますが、まったくそんなことはありません。自分自身が「面白そう」「やってみたい」と思った時が始め時です。

僕がYouTubeを始めた２０１８年の時点でも「今さらYouTube?」という空気がありましたし、ブログなんて15年くらい前から「オワコンだ」と言っている人もいました。

でも、おかげさまで今、ブログとYouTubeで月２００万円以上稼いでいます。

僕に特別な才能があったから、ではありません。とりあえず面白そうだと思ったから始めてみて、楽しいから続けて、手応えを感じたからのめりこんで、コツがわかって実績になった、そんな感じです。

その裏には芽が出なかったものも多々あります。でも、リスクがないならとにかくやってみる。バットを振るからヒットが出るわけで、空振りしてもたくさん振っていれば選球眼が養われます。

僕はTikTok[*3]もやっています。「知らなかった」いう声が聞こえてきそうですが、確かに、この本を書いている時点でYouTubeの登録者数は26万人、TikTokは1万人。まだまだ知名度はありません。ちなみに1年前は13人でした。でもですよ！　未来は予想できません。もしかしたら3年後に超有名TikTokerになっているかもしれないじゃないですか。もちろん1円にもならないかもしれませんが、遊びながら、どう攻めるべきか探っている段階です。

年齢も関係ありません。80代からアプリを開発してAppleの社長に招待された女性もいるし、90代のゲーマーおばあちゃんもいます。

誰にとっても、何をするのも〝今〟が絶好のタイミングなんです。

＊3　TikTokも試行錯誤しています。2018年に開始し、踊ってみたり、風景を撮ってみたりと試行錯誤しましたがまったく伸びませんでした。2020年6月に編集なしで語るスタイルで再開。12月に1万人まで伸びました。まだこれからどうなるのか、わかりませんが、それでもバットを振ってます。

まとめ

〝年齢や環境でできない〟はただの言い訳。始めたいと思ったら今すぐやる！

06

失敗しても進展がなくても、継続することが成功への近道

成長曲線は急に右肩上がりになり、突然稼げるようになります。ただ、その日がいつかは誰にもわかりません。僕は株の勉強を始めてから成長株を見つけるまでに3年かかりました。ブログは最初の1年間かけて稼げた額は計47円でした。その間は不毛かというとそうではなく、体の中や脳の回路ではすごい変化が起こっています。それが飽和に達するとバラバラだったものが一気につながり、花開きます。自転車も突然、乗れるようになりましたよね？

その日が来るまで続ける。成功者とは成功するまでやめなかった人ですから。

「継続も才能」と言われますが、違います。続けられる人は続けられるレベルでやっているだけです。継続のコツは、がんばらないことなんです。

まず小さく始めます。完璧は必要なし。フルマラソンは無理でも100メートルの散歩ならできそうだし、次は200メートルいけそうじゃないですか？

そして、楽しめるように工夫する。僕だって柱に括り付けられて「動画を撮れ」と言われたら苦痛です。だからプレッシャーにならず、楽で費用対効果のいい方法を探しています。つまり、手を抜く方法です。僕のYouTubeのサムネイルなんてほぼ使い回しで、同じ顔が神経衰弱ゲームのように並んでいます。

脳に楽しいと錯覚させるのも大事です。僕は朝、走りますが、正直つらい日もあります。でも、これで健康になる、未来が拓ける、とイメージしながら走ると楽しくなってきます。それでも辛ければ休んで、翌日走ればいいのです。

最終的にはルーティンに落とし込む。なんでも最初が大変で、慣れれば歯磨きと同じです。「毎日歯磨き続けてすごいね」と褒められても微妙な感じがするように、僕が今やっていることは、[*4] そんな感覚です。

まとめ

無理せず楽しみながら継続することで成功に近づく

＊4 成功するために必須なのは続けることです！ いかに楽しく面白くしたら続けられるのか？ 僕は辛いことは嫌いなので、楽しく続ける方法を常に模索しています（笑）。人生楽しいほうがいいじゃないですか！

07

なりたい自分・憧れの生活を体現している人に会いにいく

過去の自分に真っ先に教えたいのは「学びに行け！」ということです。僕は稼ぐ力をつけようと決めてからずっと一人で模索していました。振り返るとかなり遠回りだったし、伸び悩んで停滞した時期もあります。

そんな僕を見て税理士さんが「交流会などに行ってみては？」とアドバイスをくれて、2016年に初めて不動産のセミナー[*5]に行きました。

衝撃でした！　稼いでいる桁が違う。思考も、行動もまるで違う人ばかり。会社員の世界しか知らなかった僕は、この時から投資家や経営者とのつながりができて、たくさん影響を受け、情報交換させてもらっています。おかげで自分のレベルが飛躍的に上がりました。

「よく会っている5人の平均年収に近づく」と言われますが、その通りです。

＊5　実はこのセミナーで出会ったSeeekという美容院を経営している松原さんに出会い、コンサルをやっている弟のSeijiさんを紹介してもらったことがきっかけで、一度失敗したブログを再開することになり、そこからYouTubeを始める流れになりました。このセミナーに行かなかったら、今の僕はいないと思います（笑）。文字通り大きく人生が変わりました。

今も「この人には勝てない」と思う人を見つけたら、積極的に会いに行きます。

稼いでいる人は実にポジティブです。そして、自分が何億稼いでいようが関係なく、自分の力で1円でも稼いでいる人、稼ごうとしている人にリスペクトを惜しみません。なぜなら皆さんにも下積みの時代があり、最初の1円を稼ぐ苦労と価値を知っているからです。

逆に会社の同僚は「1年ブログを書いて47円⁉ 割に合わない」と笑うでしょう。でも、会社からもらう100万円と、ゼロから自分で生み出す1円ではまるで質が違います。この1円は将来1億円になる可能性を秘めています。

こうした世界では年齢も関係ありません。親ほど年上でも、ひと回り以上年下でも、皆さんオープンに接してくれます。一般的なマナーと礼儀と知識があれば大丈夫。憧れの世界に飛び込んでください。

さらにこの会で不動産投資のプロの方々に出会い、いろいろと教えて頂きスキルが飛躍的に上がりました。感謝しかありません。この時の出会いがきっかけで、今でもすごく仲良くさせて頂いています。

まとめ

目標年収を稼ぐ人に会えば、考え方も行動も変わる

08

死なない額の余剰のお金で実践して経験を積む

あらかじめ書いておきますが、投資や事業をすると必ず[*6]失敗します。「失敗しない方法を教えます」と書きたいところですが、それでは詐欺になります。

挑戦には失敗がつきものです。でも、そこから学ぶことができれば、失敗は「学ぶチャンス」になります。それを繰り返せばいつかは成功します。

だから「失敗は失敗ではない」と言う人もいます。今の僕はその考えに100%同意しますが、「会社が倒産するかもしれない」という不安からスタートしているので、当時の僕は大きなリスクを背負いたくはありませんでした。

でも、経験してわかったのですが、死ぬほどの失敗は実はあまりないんです。

高さ200mの橋から落ちれば死にますが、10cmの橋から落ちても少し痛い

＊6　僕の場合、株ではリーマンショックと東日本大震災の時に失敗し、通貨では南アフリカランドで失敗。ブログも無駄に1年かけてしまい失敗したりと常に失敗しています。それでも、「自分はダメなんだ……」と思わず、失敗から学び、さらに挑戦しています。初めからうまくいくことはあり得ません。プラス思考が大事です。

くらいで、またやり直しはききます。株なら初めは1株単位で買ってみたり、月100円から積み立てできる投資信託もあります。失敗して10万円が消えたら凹みますが、1000円が300円になっても死ぬほどのショックはありません。実際には1000円投資してもたいして儲かりませんが、自分の判断で買ったものが増えたり減ったりする経験自体は、大きな財産になります。

ただ、不動産投資は失敗すると致命傷になるので勝てると思うときまでは勝負はかけないほうが賢明です。事業なら初期投資が小さくて在庫を持たないものがいいでしょう。未経験でカフェやパン屋さんを開くのは無謀です。

いきなりF1車で事故に遭うのは痛すぎます。でも、補助ブレーキ付きの教習車なら大丈夫です。とにかく自分の足でアクセルを踏んでみることです。

一生失敗したくなければ、一生何にも挑戦しなければ達成できます。でもその代わり成長の喜びも、冒険の楽しみも、稼ぐ自由も味わうことはできません。

まとめ

失敗から学べば失敗ではない！
リスクがないならどんどん挑戦を

09

グチ仲間と飲む？ 残業で稼ぐ？ 稼ぎたいなら時間を捻出する

次の章から稼ぐための具体策を提案していきますが、読みながら「仕事が忙しすぎてこんなことできないかも」と思ったり、今は燃えていても、だんだん「残業に追われて副業は後回し……」となってしまう人がいるかもしれません。

だから、稼ぐ脳に欠かせない、時間についての話もさせてください。

時間は有限です。稼ぐ人はその時間を何に使うのか、慎重に選択しています。


僕も月80時間も残業するような部署にいて、同時並行で稼ぐ勉強と株、不動産事業を行い、ブログを書き、YouTubeを撮っていました。

昼休みに新しい不動産物件を検索したり、アパートの管理会社にメールを返したり、帰宅してから詳しく物件情報を調べたり……。一方で、なんとか残業

を減らす取り組みをして、副業[*7]の時間を増やしていきました。

でも、会社でのアウトプットは変えるわけにはいきません。だからまず、会社でどこに時間がかかっているのか問題点を全部書き出して、クリアする方法を調べて考え、ＰＤＣＡを回して地道に改善していきました。

例えば、プログラミングを独学で勉強し、各メンバーがまとめていたデータをワンクリックで統合できるようにしたり、人の目でダブル・トリプルチェックしていたものをＶＢＡというエクセルのプログラムで自動化しました。

最終的に残業はゼロになり、給料は年２００〜３００万円減りましたが、その時間を自己投資にあててスキルアップしたおかげで、少しずつ副収入が増えていきました。実際、不動産投資を始めて３年目で家賃収入を９００万円ほど得ていたので、消えた残業代の3倍は稼いだことになります。

その間に、犠牲にしたものもあります。会社の同僚との飲み会です。僕も人間ですから、たまには仲間とグチを言い合いたくなることもありましたが、そういう飲み会は角が立たないようにすべて断りました。そのかわり、普段の会

＊７　人や物にまかせられることはお願いすること。例えば乾燥機付き洗濯機なら機械まかせで終わりますよね。僕は土日に掃除で時間を使うより、その時間を副業に充てて稼いだ方が将来得すると考えて２０１７年から家事代行を頼み続けています。これもひとつの投資ですね。

話を大切にして、円滑なコミュニケーションを心がけました。と言っても、「元気？」「今日、暑いっすね」というような、ごく普通の会話です。

また、土日にも不動産物件を見に行ったり、有休を使って調査したり、ということもしたので、プライベートの時間はどうしても削られました。

でも、それが苦行かというと、やっぱり好きで楽しいからできたんです。とは言っても、ずっと仕事詰めだったわけではなく、2、3年に一度は有休で16連休を取ってアメリカのグランドキャニオンをドライブしたり、テキサス州を1周したり、ということもしていました。

要はメリハリです。会社でのパフォーマンスは落とさず、仲間も大切にして、遊ぶ時は遊んで、副業も頑張る。そのために優先順位の低いものは削っていく。すべてを得るのは難しいです。何かを捨てないと得られないものはあります。

そうして僕が得たものは何かというと自分で稼ぐ力、理想の人生の設計図です。

まとめ

新しいことを始めるには犠牲が伴うことも。全部できないから取捨選択が大切！

CHAPTER 2

稼ぐための ロードマップを描く

労働収入から資産収入へシフトチェンジ

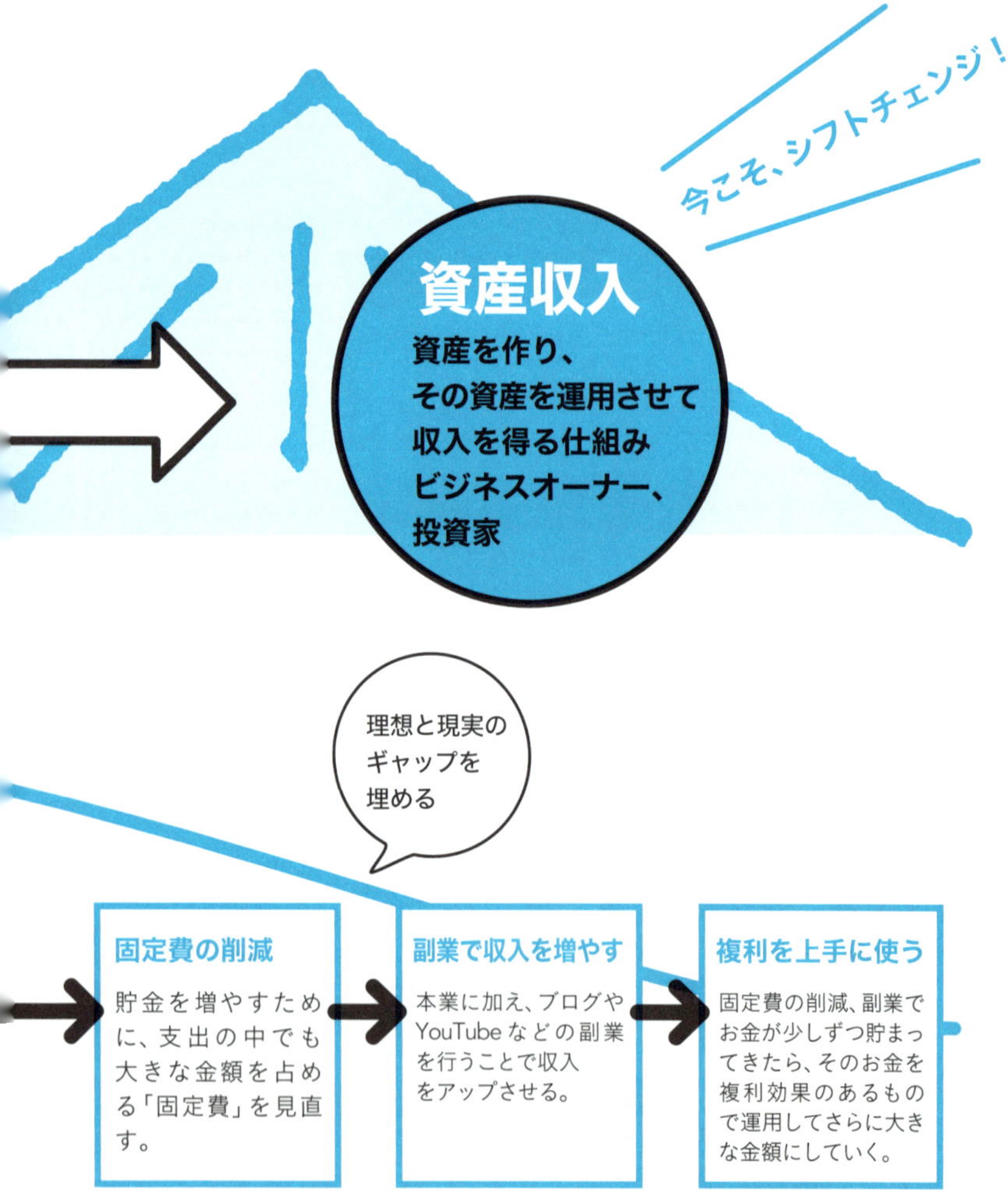
今こそ、シフトチェンジ！
資産収入
資産を作り、
その資産を運用させて
収入を得る仕組み
ビジネスオーナー、
投資家
理想と現実の
ギャップを
埋める
固定費の削減
貯金を増やすために、支出の中でも大きな金額を占める「固定費」を見直す。
副業で収入を増やす
本業に加え、ブログやYouTubeなどの副業を行うことで収入をアップさせる。
複利を上手に使う
固定費の削減、副業でお金が少しずつ貯まってきたら、そのお金を複利効果のあるもので運用してさらに大きな金額にしていく。

労働収入から資産収入へシフトチェンジ

労働収入
働いた時間や
成果物に対して
お金が入る仕組み
従業員、自営業者

理想を見える化

現実を見える化

夢を描き出す

将来自分がいつまでにどんな生活を送りたいか、具体的に描き出す。

→

自分の口座の残高をすべて書き出す

自分の持っている銀行口座や保険などの残高の合計を毎月記録。

→

1カ月の家計簿をつける

支出を確認するため1カ月だけしっかり家計簿をつける。

→

01

収入を増やすためには、具体的な夢を描く

1章の最後に「人生の設計図」なんて書きましたが、この章では人生を設計するとはどういうことか、稼ぐためのロードマップとは何なのか、解説します。

収入を増やすためには、まず紙とペンを用意

次の質問について思いつく限り、なるべく具体的に答えを書き出してください。お金がない、時間がない、才能がない、無理かも……そういうのは忘れて！

Q. どういう生活がしたいですか？

Q. やりたいこと、欲しいもの、人生の夢は何ですか？

Q. そのために、いくら収入や資産が必要ですか？

MIND
ROAD MAP
STRATEGY
STOCK
REAL ESTATE
BLOG
YouTube

「書くだけで叶うわけない」と僕も最初は[*1]懐疑的でした。しかし、数多くの成功者と知り合ってみてわかったのですが、みなさん必ず書いています。さらに、書き出したものを毎日眺めて潜在意識にまで刷り込むことが重要だそうです。

家も完成形のイメージがなければ設計図は引けないし、旅も目的地がなければどの地図を見ればいいのかすらわかりません。

理想の夢や目標と、現状のギャップを明確にして、「どうしたら差分を埋められるか」にものすごく頭を使っているのが、稼いでいる人たちだったのです。

理想と現実のギャップ

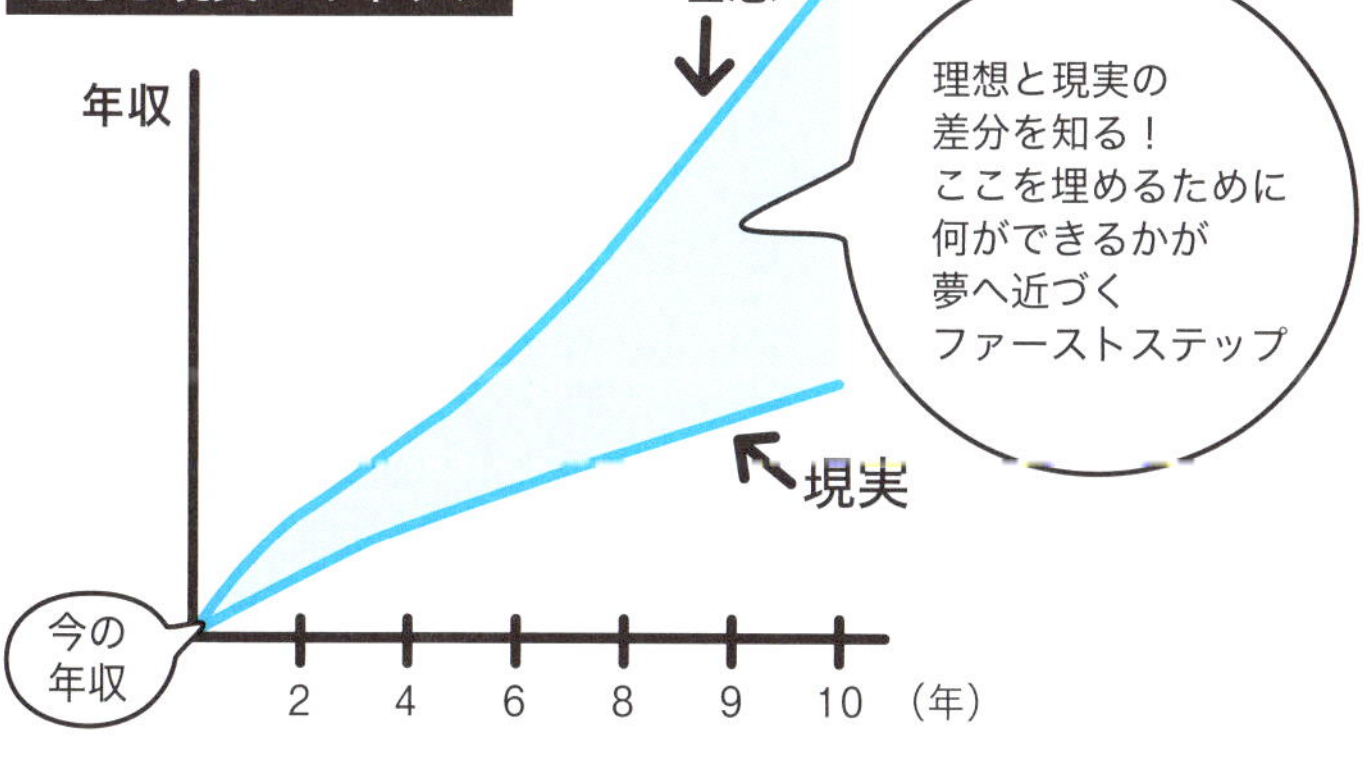
理想
年収
理想と現実の
差分を知る！
ここを埋めるために
何ができるかが
夢へ近づく
ファーストステップ
現実
今の
年収
2
4
6
8
9
10
（年）

＊1　ワタミの社長の渡邉美樹氏の『夢に日付を！～夢をかなえる手帳術～』（あさ出版）を2005年くらいに読んだ時、「書いたところで何も変わらないだろう」と思い行動しませんでした。でもそれは間違っていたなと今思っています。潜在意識に刷り込むことで日々の行動は変わってきます。書いて明確にすることで行動を変えるのが大切なのです。当時はそこに気がつきませんでした。

コツ1　やりたくないことも書き出す

この時、セットで書いておくべきことがあります。

Q. どういう生活をしたくないですか？

Q. 人生でやりたくないことは何ですか？

「毎日残業して夜遅くまで働きたくない」「嫌な人にペコペコして仕事したくない」「太って不健康になりたくない」……って、これ、当時の僕の例ですが！

今なら「人が損をする情報は流さない」と決めています。例えば「月200万円稼ぎたい」という自分の目標のために、人が損をする情報を流して目標を達成しても結局、幸せを感じることがないからです。

コツ2　時間軸で考える

最初に書いた夢や目標を、さらに時間軸でも考えてみましょう。

Q. 10年後にどうなりたいですか？

Q. 5年後にどうなりたいですか？

Q. 1年後にはどうなりたいですか？

Q. その目標を達成するためには、何が必要ですか？

具体的な年月を設定できると「そのために今、何ができるか」を逆算して考えられます。特にお金については具体的な金額が明確になるので、それに見合う副収入の道を選択できます。月1万円増やすだけならさほど難しい副業じゃなくてもいいですし、月800万円必要なら大きなチャレンジが必要です。

まとめ

理想と現実のギャップを把握する＆それを埋める行為を考えることが夢への近道

年間1億円稼ぐには？

1億円÷12カ月＝8,333,333円／1カ月

↓

漠然と「年間1億円欲しい！」と夢を描いても意味はない！仮に1億円欲しいなら、1カ月いくら稼ぐ必要があるのか金額を把握して、そのために何をすべきか手法を考えることが理想と現実のギャップを埋めるファーストステップ！

02

すべてのお金を見える化して、お金の種＝元手がいくらか知る

「会社をクビになったらやばい」「住むところがなくなってしまう」「いつ生活できなくなるか時間の問題……」とビクビクしながらお金を貯め始めた僕ですが、いざお金を貯めようとしても、なかなか貯まりませんでした。いろいろ悩みましたが、今思えば理由は簡単。単純に、貯金の方法を知らなかったのです。

これから紹介する方法を実践してからは飛躍的に貯金が増えて、あっという間に１０００万円以上を貯めることができました。

その方法とは？　毎月、手持ちのお金を確認する。これだけです！

月々にいくら収入があり、月々にいくら支出があるのか、把握していますか？　僕自身はまったく把握していませんでした。「今いったい貯金が全部で

いくらか？」すらわからず、サイクリングの途中で通りがかった車屋さんで車を買って帰ってきたことも2[＊2]度ありましたし、何十万円もする高いギターを衝動買いしたりもしました。手持ちのお金がいくらかわからないから浪費し、わからないから不安に襲われ、わからないから対策を立てられなかったのです。

この状況から抜け出すためには、まず「お金の見える化」が必要です。

危機感を覚えたあの日から10年以上、僕は毎月欠かすことなく、自分がいったいいくら持っているのか、エクセルに打ち込んでいます。

○銀行口座を複数持っているなら、すべての残高をチェックする。
○株を保有していたり、貯蓄型保険があるなら、現状いくらか書き込む。
○会社で積み立てている預金や財形、自社株なども現状いくらか書き込む。
○不動産などの資産があれば、その評価額も調べて書く。
○住宅ローンや奨学金の返済など、借金があるならそれも書く。

これを毎月繰り返し、それぞれの項目ごとに金額の推移がどうなっているのか、全体で増えているのか減っているのかを見るのです。

＊2　23歳の時にFTOを買い、25歳の時にNBロードスターをチャリで通りがかった海老名市の車屋さんで買いました。今の僕では考えられない浪費ぶりですね。

毎月チェックすることで現状を正しく把握することができ、増えているのが見えるとモチベーションも上がってきます。[*3]

もしお金が減っていたら「何にお金がかかっているのか」をちょっと考えてみることで対策を講じることができます。

何が増減の要因なのか、エクセルの隅にひとことメモするだけで大丈夫です。

そして、47ページで書いた目標金額と比べて、ギャップについて一瞬考えます。

僕がいまだにこの方法を知らずにいたらどうなったか？　とても恐ろしいです。

口座残高まとめサンプル

	口座A	口座B	口座C	合計	メモ
11月	50,000	350,000	50,000	450,000	—
12月	30,000	700,000	30,000	760,000	ボーナス
1月	10,000	400,000	50,000	460,000	帰省代
2月	40,000	300,000	55,000	395,000	—
3月	10,000	350,000	60,000	420,000	—
4月	30,000	400,000	65,000	495,000	—
5月	20,000	150,000	45,000	215,000	GW旅行

持っているすべての口座の残高を月末に合算してみよう。毎月金額の推移に大きな変化がない場合は、給与をもらっていても資産が増えていないということ。また、残高に大きな金額の差が生まれた場合はその理由を記載しておくと、どうして資産が増減したのか把握できる。

＊3　2008年からつけ始めていますが、当初は360万円でした。この時から今でも記録を続けていて、お金の増減が一目で把握できるようになっています。この時より資産は何十倍にもなっています。

まとめ

細かい家計簿はいらない。
持っているすべての銀行口座の残高を毎月記録

これがリアルもふ社長口座残高まとめ

もふ社長が口座残高をまとめ始めた当時のリアルな数字を紹介!! お金を預けている口座(確定拠出や自社株のお金なども含む)をすべて書き出すことで、現時点での自分の資産がわかり、これが自分の現在地と、理想までの金額のギャップを見える化してくれる。

	口座A	口座B	口座C	口座D	SBI	口座E	口座F	口座G	口座F	口座i	合計	メモ
2008/8/6	50	90	20	50	150	FX	SBI-B	南ア	年金	ts	360	
2008/9/1	50	97	17	17.5	150	0	0	30		45	406.5	引越し
2008/10/29	50	100	17	17.5	135	0	0	20		20	359.5	株安
2008/11/21	50	90	17	19	135	0	0	20		30	361	
2008/12/12	50	130	20	19	135	0	0	20		45	419	賞与
2008/12/26	50	140	22	20	135	0	0	20		53	440	
2009/1/19	50	140	23	19	135	0	0	20		70	457	
2009/3/22	50	140	30	20	135	0	0	25		50	450	
2009/4/7	50	140	30	20	135	0	0	25		70	470	株高
2009/5/13	50	140	35	23	140	0	0	25		95	508	株高
2009/6/16	50	140	28	35	143	0	0	25		100	521	
2009/7/4	50	170	34	35	140	0	0	25		110	564	ボーナス
2009/7/28	50	170	37	35	140	0	0	30		110	572	
2009/8/14	50	160	37	35	140	0	0	30		150	602	株高
2009/8/26	50	170	40	35	140	0	0	30		164	629	
2009/10/9	50	150	40	35	140	0	0	30		164	609	引越しとか
2009/10/21	50	30	40	35	140	0	0	30		164	489	車購入
2009/11/10	50	50	43	35	140	0	0	30		180	528	
2009/11/27	50	60	41	43	140	0	0	30		160	524	株安
2009/12/6	50	90	44	43	140	0	0	30		215	612	ボーナス
2009/12/26	50	90	47	43	140	0	0	30		215	615	
2010/2/6	50	100	50	43	140	0	0	30		200	613	株安
2010/2/28	50	105	53	43	140	0	0	30		200	621	
2010/4/7	50	110	56	43	260	0	0	30		233	781.5	サマンサ
2010/4/15	50	50	56	43	400	0	0	30		233	861.5	
2010/5/2	50	50	59	43	400	0	0	30		261	893.25	
2010/5/17	50	50	44	56	300	0	0	30		238	767.5	株安
2010/5/31	50	40	47	56	300	0	0	30		218	741.25	
2010/6/16	50	37	47	56	350	0	0	30		243	812.5	
2010/7/8	50	60	53	56	330	0	0	30		233	812.2	ボーナス
2010/7/25	50	60	56	56	300	0	0	27		238	786.7	株安
2010/8/17	50	50	59	56	290	0	0	29		226	759.5	株安
2010/9/9	50	60	62	56	280	0	0	20		210	740.4	株安
2010/9/24	50	50	58	68	250	0	0	29		224	729.25	任天堂ショック
2010/10/23	50	30	57	75	250	0	0	29		242	732.9	いす購入
2014/4/17	86	273	0		700	0	0	28	56	24	1367	
2014/5/20	86	140	160		900	0	0	28	56	24	1594	mixi
2014/5/21	86	140	160		1050	0	0	28	56	24	1744	mixi
2014/5/24	86	40	160		1325	0	0	28	56	24	1925	mixi
2014/5/30	86	40	160		1414	0	0	28	56	24	2024	mixi
2014/6/3	86	40	160		1670	0	0	28	56	24	2310	mixi
2014/6/10	86	40	160		1450	0	0	28	56	24	1736	mixi
2014/6/14	86	40	700		1025						1851	
2014/6/21	40	40	700		1350						2200	
2014/7/2	40	100	70		1300						1580	アパート購入

(万円)

03 1カ月だけ家計簿をつけて、簡単で継続性のある節約をする

お金を貯めるには、次の2つしかありません。

○収入を増やす
○支出を減らす

水道の蛇口から収入が入ってきて、池に貯まります。そして支出という川になって流れ出ます。なるべく川をせき止めないと池は干からびてしまいます。

会社員の場合、収入は把握していると思いますが、支出はわかりにくいですよね。そこで、みなさんにお願いがあります。

1カ月でいいので、何にいくらお金を使っているのか調べて欲しいのです。

そうです。家計簿です。

「ゲッ！」という声が聞こえてきそうですが、一生のうち1カ月だけです。あ

とは前述のエクセル表だけでいいので、とにかく1カ月、頑張ってください。

僕はノートに使ったお金を細かくメモしましたが、今ならスマホの家計簿アプリを使っても便利だと思います。ジュースを買ったとか、ちょっとしたお金をメモし忘れても大した影響はないので、とりあえず続けることが最優先です。

1年でまとめて払う自動車税などは、12で割って1カ月分を出してください。

それを、下の図の家計簿の科目を参考にして、それぞれ集計してみます。

結果を眺めて、無駄なものはないか、どこが簡単に減らせそうか、考えます。

この時、食費などの生活費を切り詰め

一般的な家計簿の科目例

	科目	内容
固定費	住居費	毎月の家賃、もしくはローンの代金
	水道光熱費	電気・水道・ガス
	通信費	携帯・Wi-Fi・サブスクサービス費
	奨学金	毎月定額で返済している場合は記入
	保険	自動車、生命保険、火災保険など
	税金	固定資産税、自動車税など
変動費	食費	日々の食費(外食含む。会食などは交際費)
	日用品費	消耗品・住居備品費
	教育費	学校の支払い・習い事費
	医療費	診察費・薬代、通院費
	交際費	飲み会代など
	美容費	美容院、化粧品代など
	娯楽費	趣味・遊びの費用
	レジャー日	旅行・レジャーに関わる費用
	被服費	洋服
	その他	上記項目から外れるが使用したお金

固定費の見直しは節約の効果大！

貯蓄するには、支出を減らすのが一番効果的。左記項目に分けてとにかく1カ月家計簿をつけることで、自分が何にお金をかけているのか把握できる。

たり、好きなものを買わずに我慢しよう、といった努力はおすすめしません。精神的に辛くて反動を生むばかりか、さほど費用対効果はないからです。

それよりも比較的簡単に、小さな負荷で大きく支出を減らす方法があります。

固定費を削減する

固定費とは毎月ほぼ決まった金額を支払うものです。これを見直すと生活の質は下げずに節約できるのと、毎月自動的に継続されるので効果も大きいです。

例えば、こんなものはどうでしょう？

○保険を見直す（保障内容がかぶっていたり、手厚すぎたりしませんか？）

○SIMフリーのスマホにする（Wi-Fiがあれば、不便はないのでは？）

○不要な車を手放す（都心ならならレンタカーやタクシーのほうが安いかも）

僕は現在車を所有していません。このお陰で駐車場代、保険代、税金などを合わせると月7万円ものお金が浮いています。毎日タクシーで2000円払ってもおつりが出ます。元々、毎年のように車を買い替えていた僕でしたが、46ページで記したように夢を書いたら「僕の人生にかっこいい車は必要ない」と気づいたのです。そこで、最初はS2000というスポーツカーからプリウスに乗り換え維持費を安くしました。その後サラリーマンを辞めてからはプリウスも売り、レンタカーとタクシーを使用しています。

その他、もしクレジットカードのリボ払いをしているのなら即行でやめましょう。20%近くの金利がかかってしまうため、お金は減っていく一方です。

また、見栄のために高いものを買っても本当の満足感は得られません。僕も欲しいものがある時は、絶対に必要か、心から好きか、自問自答しています。

そして、副収入が増えてきても生活のレベルを上げないことです。収入が増えた分、支出を増やせば当然お金は貯まりません。これまでに多くの方がこの罠に陥って失敗したのを見てきました。収入が増えると、誘惑に襲われます。その誘惑から逃れられた人だけが資産を蓄えることができるのです。

まとめ

無理な節約をするより、節約の費用対効果が高い固定費見直しがマスト！

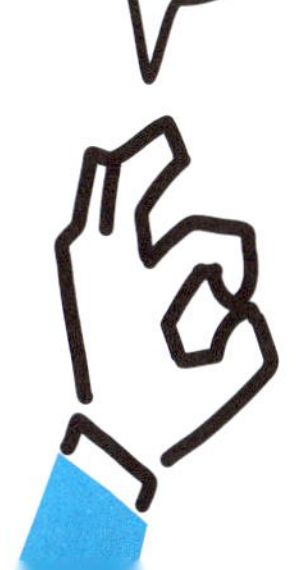

04

自分が働かなくても お金が入る仕組みを作る

収入には大きく分けて2種類あります。

○労働収入（バイト、コンサルやプログラム、ライティングなど自営業者）
○資産収入（株や不動産など投資家、ブログ、YouTube、ビジネスオーナー）

労働収入は、働いた時間や成果物に応じて報酬が発生します。月に数万円の副収入なら、こちらの方が簡単でリスクもなく、確実な収入が得られます。

ただし、自分が働き続けなければ稼げません。時給2000円でも1日2時間×20日働いたところで8万円にしかならず、人生が変わるほどの額にはならないでしょう。なにより、体が疲れて本業に支障が出たら元も子もありません。

一方、月に10万円以上の副収入が欲しいとか、自分が労働していない時間にもお金が生まれる仕組みを作りたいなら、資産収入*4を目指すのがおすすめです。

*4　サラリーマンの方はまず自分の時給単価を出してみるとよいでしょう。年収を総労働時間で割れば出てきます。働く時間を短くし、得られる収入を上げることが資産収入への道です。月200時間働いて年収400万円だとしたら、400万円÷2400h＝1600円。不労所得が欲しいのなら、これ以上の収益を上げられる副業を目指します。僕はサラリー

例えば株式投資家は株価の値上がりや配当金が入ります。不動産投資家もほとんどを外注できるので自分は時間をかけずに家賃収入を得られます。自ら働かなくても稼げる資産収入を増やさない限り、サラリーマンが富裕層になるのは難しいです。逆に言うと、ここにチャンスはあります！

ちなみに、会社員は労働収入です。時間とお金の余裕があり、本当に自由になれるのは、資産収入を得る道を歩み出した人だけなのです。

まとめ

お金が働き稼いでくる〝資産収入〟ポジションに移行するため副業は行うべき！

キャッシュフロー・クワドランド

クワドランドとは4分割のことを意味し、働く人々を4つに分類した。

Employee E 従業員	Business Owner B ビジネスオーナー
Self Employed S 自営業者	Investor I 投資家
労働収入	資産収入

右側のポジションにシフトすれば、
人生の自由を得ることができる！

マンの時給より高い時給が得られるビジネスを探してきました。

05

稼ぐ人の合言葉
「お金はお金から生まれる」は真実

大きなお金を稼ぎたいのなら、複利の力を使うことは必須です。

かのアインシュタイン博士が「人類最高の発明は複利だ」と言った話も残っています。複利を利用するとお金が雪だるま式に増えます。お金がお金を生むからです。54ページで書いたように池にお金が貯まってきたら、なるべく複利効果のあるもので運用して、さらに大きく豊かな湖にしていきましょう。

そもそも、金利とは？

複利の話をするにあたって「金利」の概念がすごく重要なので、まずそこから説明します。

金利とは「お金を貸し借りした時の手数料」で、割合（%）で表記されます。

特に断りがなければ1年間の割合です（年利、年率とも言います）。似たものに「利息」「利子」がありますが、これらは％ではなく、金額そのものを表します。

仮に、金利1％で100万円を貯金した場合、1年後に利息が1万円増えます（実際には利息に対して20・315％の税金がかかります）。

ちなみに現実は、銀行預金の場合、近年の金利は次の通りです。

○定期預金：金利0・01％（100万円貯金して1年後に利息100円）
○普通預金：金利0・001％（100万円貯金して1年後に利息10円）

改めてショックですね！　銀行に寝かせておいてもお金は増えない時代です。

逆に、金利1％で1000万円を35年ローンで借りた場合、利子の合計は185万円。金利5％で同じように借りると、利子の合計は1100万円です。

ほんの数％でこんなに違ってしまいます！

金利20％にもなるリボ払いを即行でやめようと書いたのも、このためです。

銀行預金の金利と比べてみてください。20％もの金利を払っていたら池が決壊していようなもので、お金が増えるわけはありません。

複利でお金が雪だるま式に増えていく

複利とは、元金に利息を足した金額に対して金利がつくことです。

ちょっとわかりにくいですね！　先ほどの例の続きで説明します。

○金利5％で100万円貯金したら1年後に利息5万円で、合計105万円
○2年目は、105万円に対して金利1％なので、利息は5万2500円
○3年目は、105万2500円に対して金利1％なので……

と、毎年増加のスピードが倍々ゲームのように加速するのが複利の凄さです。

「100円違うだけで？」と思うかもしれませんが金利10％ならどうでしょう。

さらに元金1億円で金利10％なら、利息で1年の間に1000万円も増えます。これはサラリーマンの平均年収の2倍以上の額になります。

そして翌年は1億1000万円に対して金利がつき……これを10年、20年と続けていけば得られる利益は莫大です。

複利の反義語は「単利」で、これだと永遠に元金にしか金利がつきません。同じ元手でも複利と単利で将来どれほど違ってくるか、グラフを見てください。

100万円を金利5％で運用したら

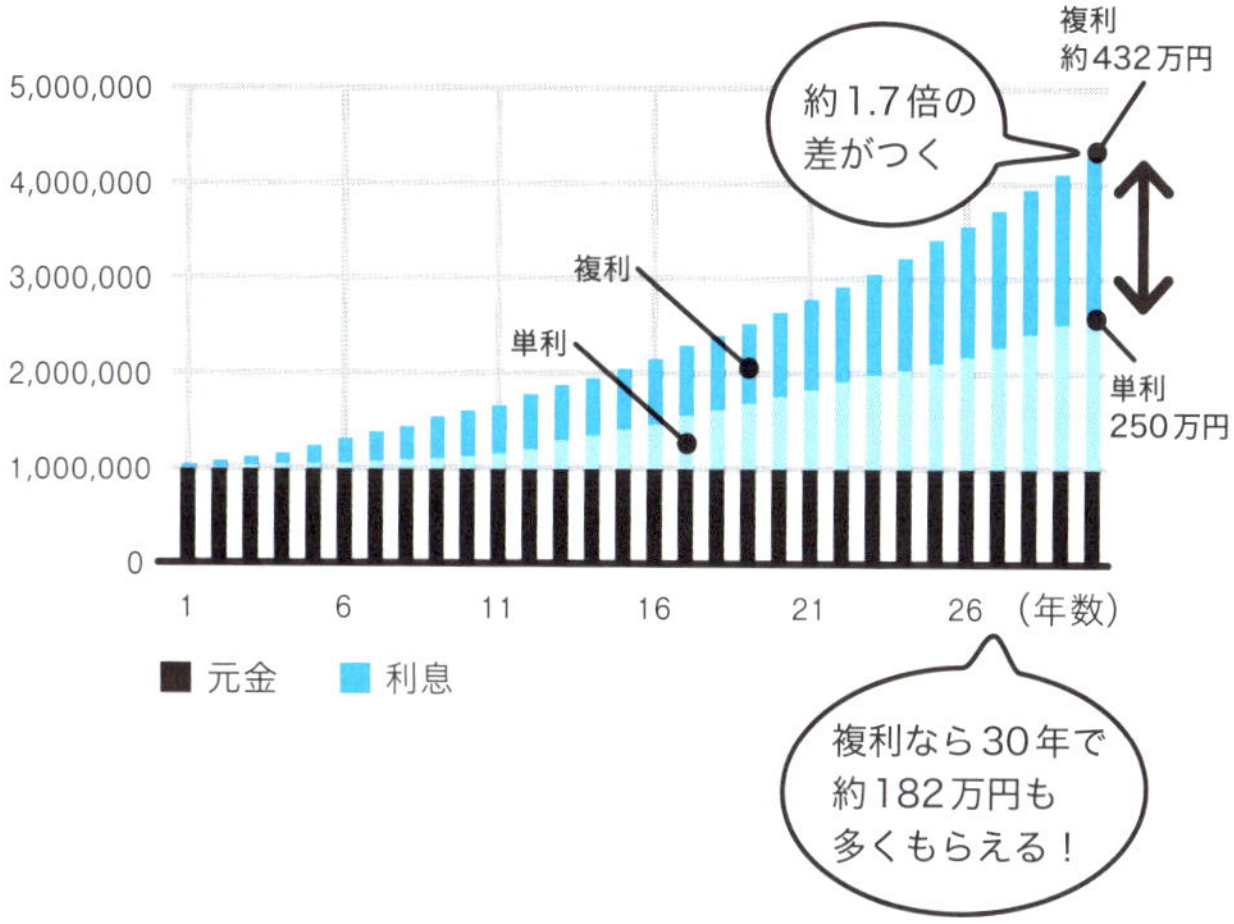

100万円を5％で運用した際の利息

（万円）

	1年目	2年目	3年目	4年目	5年目	30年目
単利	5	5	5	5	5	5
複利	5	5.25	5.51	5.538	6.0649	20.58

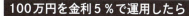

元金１億円で金利10％は夢物語かもしれませんが、元金１０００万円で利回り５％の投資信託なら、そう遠くない将来に現実可能な数字です。これで30年間運用すれば、１０００万円の元金が４０００万円ほどになります。確かに、アインシュタイン博士もびっくりですね。

皆さんのロードマップがどんな行程だとしても、最終的なゴールは複利で増やしていくことになるでしょう。

まさに、54ページの池から湧水が出てくるようなイメージです。池が大きくなれば湧水の量も多くなり、その湧水だけで暮らせるようになります。

だからこそ、収入を増やして元手となる現金を作る。

そのために、次の章から稼ぐ手法の話に移ります。

まとめ

人類最大の発明の〝複利〟を活用して、安定的に稼ぐ

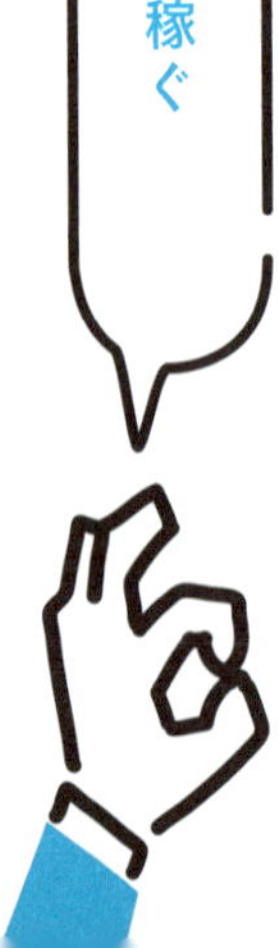

CHAPTER 3

稼ぐための戦術を実行する

資産を爆増させる4つの戦略

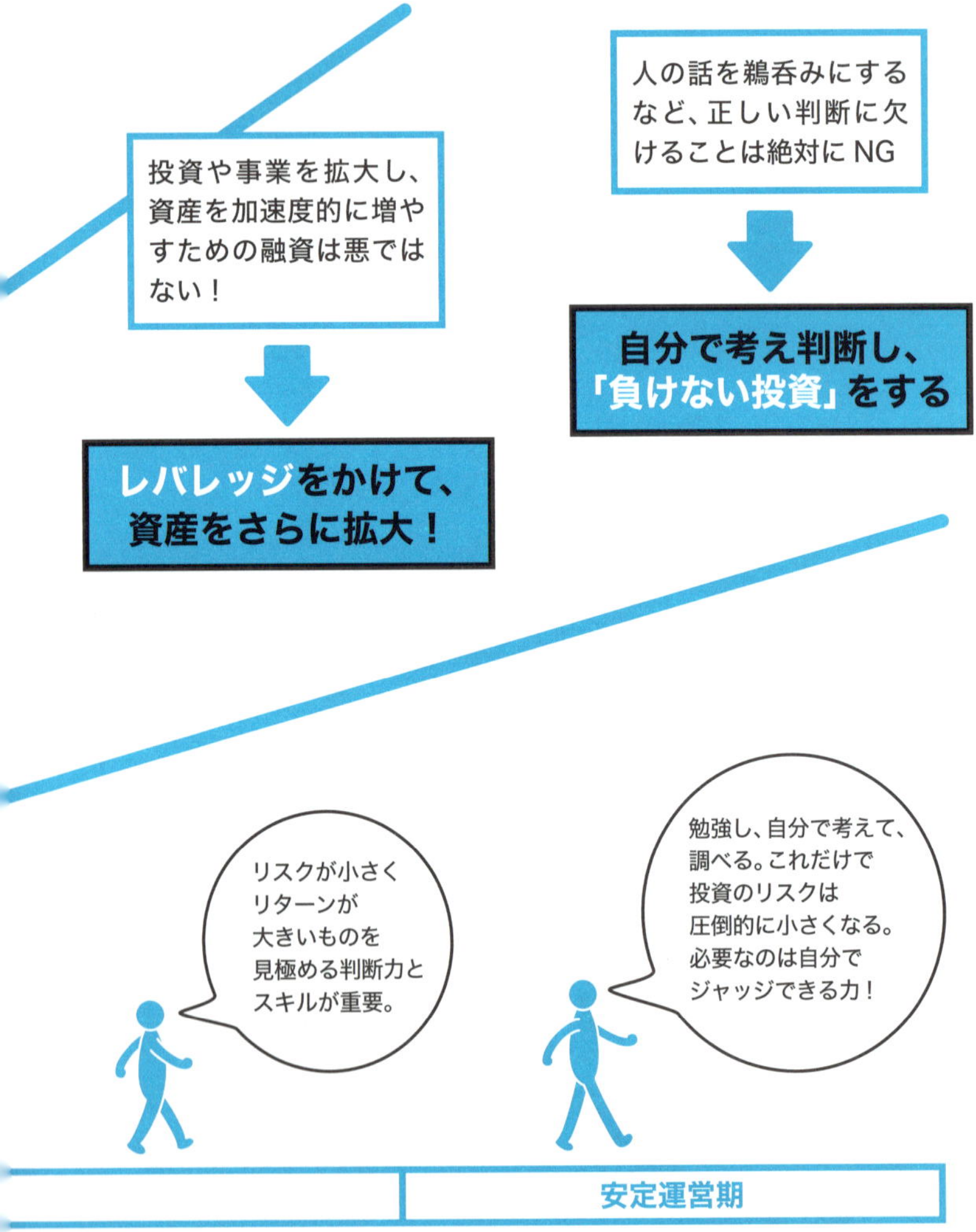
投資や事業を拡大し、資産を加速度的に増やすための融資は悪ではない！
レバレッジをかけて、資産をさらに拡大！
人の話を鵜呑みにするなど、正しい判断に欠けることは絶対にNG
自分で考え判断し、「負けない投資」をする
リスクが小さくリターンが大きいものを見極める判断力とスキルが重要。
勉強し、自分で考えて、調べる。これだけで投資のリスクは圧倒的に小さくなる。必要なのは自分でジャッジできる力！
安定運営期

稼ぐために大切な4つの戦略で資産を成長させる

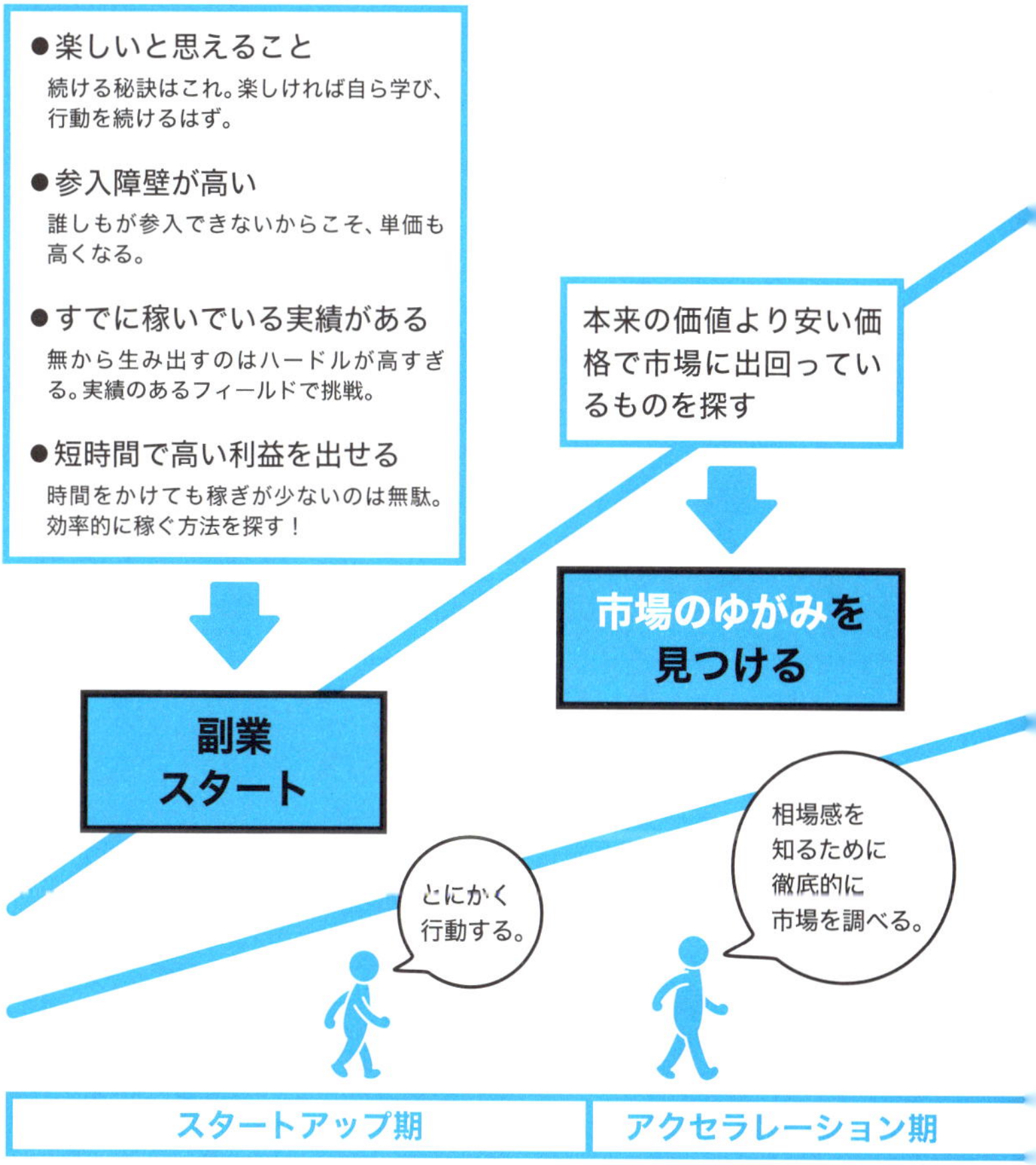
●楽しいと思えること
続ける秘訣はこれ。楽しければ自ら学び、行動を続けるはず。
●参入障壁が高い
誰しもが参入できないからこそ、単価も高くなる。
●すでに稼いでいる実績がある
無から生み出すのはハードルが高すぎる。実績のあるフィールドで挑戦。
●短時間で高い利益を出せる
時間をかけても稼ぎが少ないのは無駄。効率的に稼ぐ方法を探す！
副業スタート
本来の価値より安い価格で市場に出回っているものを探す
市場のゆがみを見つける
とにかく行動する。
相場感を知るために徹底的に市場を調べる。
スタートアップ期
アクセラレーション期

01

もふ流・副業を行う上で本当に大切な4つのポイント

僕は会社員を続けながらさまざまな副収入の道を探ってきました。結果的に株と不動産、ブログとYouTubeが僕にとって大きな資産収入となったわけですが、それ以外にも稼ぐための選択肢は数限りなくあります。

「自分にとって一番の近道」を見極めることがものすごく重要ですが、僕のベストが皆さんにとっても最善の方法とは言い切れないのが難しいところです。

そこで、僕が道を取捨選択するために重視していた基準をお伝えします。

条件1 楽しそう

副業で資産収入を作るのは簡単なことではありません。どんなに稼げても、楽しいと思えないことをやると辛くなってしまいます。できるだけ楽しいと思

えることをやったほうが続きますし、何よりも成長スピード[*1]が違います。

楽しいかどうかわからない時は、初期費用がほとんどかからず、リスクが低いものを試しにどんどんやってみることです。やっていくうちに好きになったり、逆に世間では人気でも「こんなことやっていられるか！」と思ったりするので。

たまに「株と不動産、どちらがお勧めですか？」と質問されますが、すみません、答えられません。「サッカーと野球と水泳、どれがお勧めですか？」と聞かれても、その人が何を心底楽しめるか、他人にはわからないからです。

「プロで稼ぎたいのならサッカーか野球が儲かりそうだし、一人が好きなら水泳かなぁ」くらい漠然とした、役に立たない一般論になってしまいます。

26ページで書いたように、自分にとって面白いゲームを探しましょう。

条件2 参入障壁が高い

「〝低い〟の間違いじゃなくて？」と突っ込まれそうですが、僕はあえて参入障壁の高いものを探してきました。参入障壁が低くて誰でもできるものは一見良さそうですが、すぐに稼げなくなります。

＊1 たとえば人気の副業のひとつであるせどり（転売）は楽しくなさそうなのでやったことはないです。単なる食わず嫌いかもしれませんが……。

MIND
ROAD MAP
STRATEGY
STOCK
REAL ESTATE
BLOG
YouTube

誰でもできるから人が殺到する↓殺到すると価値が下がる↓報酬も下がって過当競争になる、というわけです。

仮に油田が見つかったとして、それを一人で独占できれば儲かるでしょう。でも、参入障壁が低ければみんなが油田を掘って一斉に掘り当ててしまいます。そうなったら石油価格は暴落し、すぐに油田も涸渇するでしょう。規制緩和でタクシーが増えすぎて儲からなくなってしまった話も記憶に新しいと思います。

ただ、参入障壁が高いということは、その壁を乗り越えられないうちは1円[*2]にもなりません。少しでも効率的に壁を越えられるように、ぜひこの章を読み進めて足がかりにしていただければと思います。

条件3 すでに稼いでいる人の前例がある

参入障壁が高いとはいえ、前人未到の領域を自分で開拓するのは並大抵のことでは不可能です。運の要素も大きく関わってくるし、成功確率が低すぎます。

だから僕は、実際にその分野で稼いでいる有名な人を調べて、その人のSNSを見て自分にもできそうかどうかを調査します。その人がどう勉強して稼げ

*2 初めから高すぎる参入障壁に挑むと、本当に何も稼げずに終わる可能性もあります。初めは低い参入障壁で勉強しつつ、慣れてきたら高い壁に挑んで大きな利益を狙っていくのが良いでしょう。

るようになったのか、もともと特別なスキルがあったのか、稼いだふりをしてサロンや商材を売って儲けているだけじゃないか、など気を付けて分析します。

条件4 短時間で高い利益になる

この副業を突き詰めていったら将来どのようになっていくだろう？　将来的に短時間で大きな収益を上げられるようになるか？　という目線でも考えます。

例えばコンビニのアルバイトで月100万円稼ぐためには何時間働く必要があるでしょう？　どう考えても、副業……いや、本業でも厳しそうです。

一方、例えば不動産投資は、いい物件を購入できさえすれば管理などはすべて外注できるのでほとんどやることがなく、不労所得に近づきます。

最初は時間がかかっても仕方ないと思います。でも、永遠に〝時間の費用対効果〟が上がりそうにないなら副業として始める意味はないと判断しています。

まとめ

副業は面白い・参入障壁が高い・成功例がある・短時間で高い利益になるものを選ぶ

02 成功者は「市場のゆがみ」が大好き

稼いでいる人は、常に「市場のゆがみ」を探しています。市場のゆがみとは、本来の価値よりも何らかの事情で価格が安くなっていることを言います。だから、どの副収入の道を選んだとしても、必ずそこで「市場のゆがみ」を見つけてください。これが大きく稼げるか小さく終わるかの鍵です。

一般的には、物の価値は需要と供給で決まっています。欲しい人（需要）が多ければ価格は上がっていき、物があふれると価格は下がります。

例えば、新型コロナウイルスの騒ぎが始まった２０２０年春はマスクが不足して価格が高騰しました。この時に自分だけ安くマスクを手に入れるルートがあり、高く売ることができたなら、市場のゆがみを利用して利益を得たという

ことになります。
こうした市場のゆがみを自分だけが見つけて本来の価値よりも安く仕入れることができれば、かなり有利に儲けられることはイメージしやすいでしょう。

不動産なら、本来2000万円の価値のある物件が、相続の問題で急いで手放さないといけないなどの事情があって1500万円で販売されていることが時々あります。
株なら、業績は好調なのに気づいている人が少ないために、本来の価値よりも安く売られていたりします。

価格と需要・供給の関係

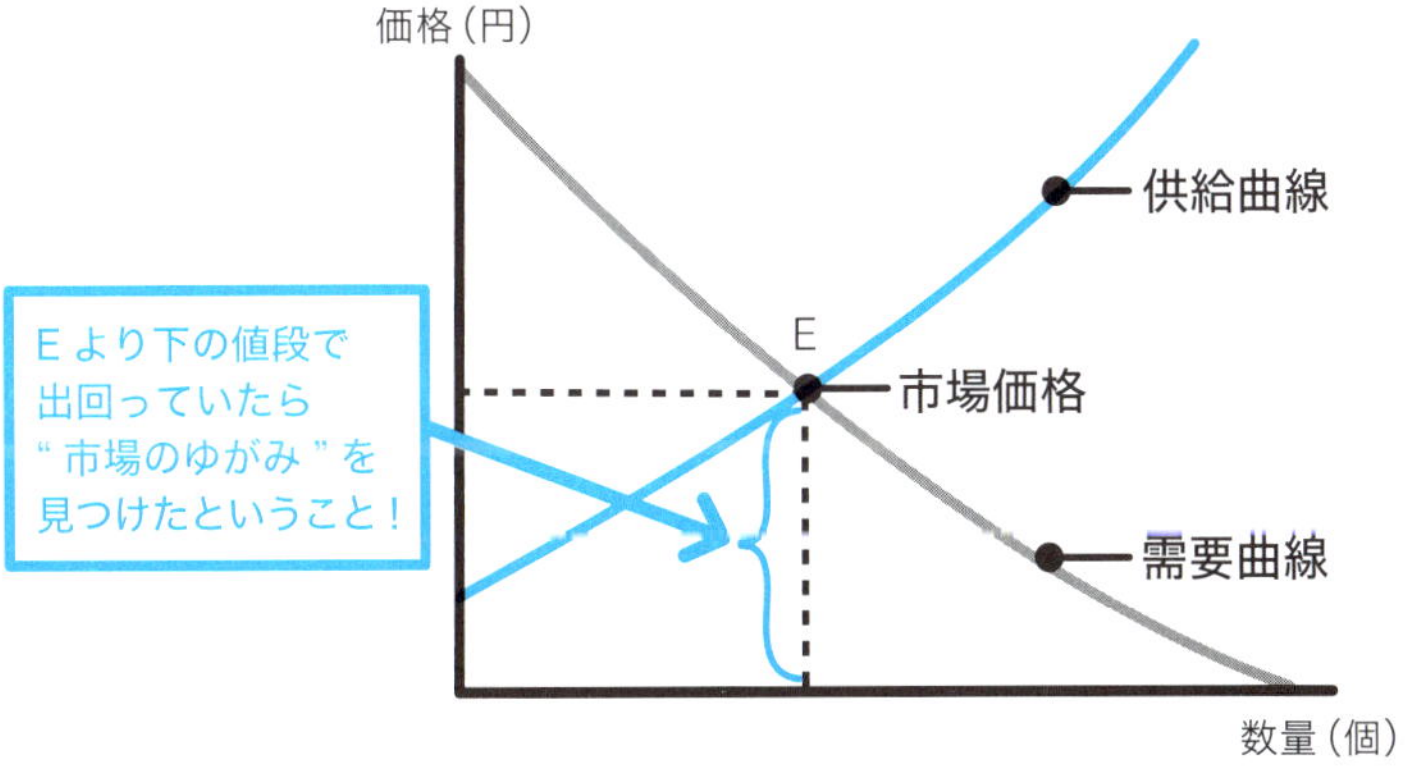

買い手の心理を表したものが需要曲線、売り手の心理を表したものが供給曲線。買い手（需要）の設定した価格と、売り手（供給）の求める金額が一致したものが市場価格（E）。市場の歪みとは、本来の市場価格より安く売られているもの。つまり、（E）より下の価格で市場に出ているものがあれば、それは市場のゆがみといえます。

労働収入も同じです。プログラミングや動画編集の需要が多いのにできる人材が不足していれば、需要と供給のミスマッチで高単価で報酬が得られます。稼ぐ力のある人は常にそういうところに注目しています。

「市場のゆがみ」の理屈は簡単です。でも簡単じゃないのは、実際に自分がそれを見つけられるかどうかです。

ゆがみを見つけるためには、まず市場価格の「相場観」を得ることが重要です。マスクの適正価格を知っていれば、1万円のマスクが高いか安いか判断できますよね？　その相場に対して安いものがあったり、安く買う方法を知ることができれば、その差分がゆがみであり、儲けるチャンスというわけです。

ただし、たとえ1円のマスクがあったとしても、みんなが知っていて、よってたかって殺到すれば、供給過多で、すでにゆがみとは言えなくなります。

また、マスクの相場はちょっと調べれば誰でもすぐにわかりますが、不動産や株となると社会情勢に影響を受けたり、個別の業績や事情によって価格も大きく変わるので、そう簡単に相場がわかるものではありません。

でも、その見極めが難しいからこそ、ゆがみが発生しやすく、大きく稼ぐチャンスもあるのです。そして徹底的に調べ続ければ、いつか必ず見つけることはできるのです。

僕がこのようなゆがみをどう見つけたか。それについても、おいおい話していきます。

まとめ

市場のゆがみを見つける嗅覚があれば大きなお金を稼げる可能性が広がる

03

お金を借りることは悪ではない。悪いのは浪費のための借金

　一般的には、株式投資でもなんでもリスクとリターンは比例します。ところが、稀《まれ》にリスクが低くてリターンが大きいケースが出現します。

　不動産投資家はそういう時に銀行から融資を受けて、その物件を購入します。

「融資？　お金の不安があって稼ぎたいのに借金なんて論外！」と思うでしょうか。まず知って欲しいのは、良い借金と悪い借金があるということです。

　浪費のためにする借金と、事業のためにお金を借りるのは別物です。不動産投資でも、起業したり、そこから事業を広げる場合でも、お金を借りることで拡大のスピードが上がるので、そのために融資を受けるのは良いことです。

　ちゃんとリスクを精査し、計画を立てて、リスクが小さくてリターンが大き

いと判断したものに対して融資を使えば、稼ぐチャンスは何倍も広がります。

不動産投資なら、いい物件を購入して堅実に経営できれば収益を得られて融資の返済はできるし、安く買っておけば買った額よりも高く売ることができてさらに稼げます。たとえ自分の手元に100万円しかなくても、融資を受ければ1000万円の物件を買うことができ、それだけ大きな収益を得られます。

もちろん、事業のためとはいえ何も考えずに借金をすればギャンブルと同じです。下手をすれば一発で自己破産もあり得ます。

そうならないように、ゆがみを見つけられる目利きの力と、さまざまなスキルを身につけることで、リスクを下げてリターンを大きい状態にしているのです。

稼いでいる人たちは、そうやって確実に勝てると考えた勝負しかしていません。

石橋を叩いて渡るのでは、まだ足りません。石橋を叩いてぶっこわしてコンクリートの橋を架ける。そんなイメージです。

まとめ

リスクを考え、確実に勝てるなら借金は収益爆増のチャンス

04

自分で考えず、楽に お金を稼ぐなんて絶対にできない

世間には「スマホをクリックするだけで楽して儲かる」「ツールが勝手に稼いでくれる」なんて誘い文句もありますが、はっきり言います。それでは大きく稼げません。それどころか、詐欺[*3]の可能性もあります。皆さんにはそんな甘言を信じて時間とお金を無駄にして欲しくないので、あえて言わせてください。

世の中に、楽に稼げるものなんて、ありません。

詐欺じゃないとしても、たまたまその人が稼げただけかもしれません。

稼ぐためには、人の口車に乗ってはいけません。必ず自分の判断が必要です。わかりやすい答えを追ってはいけません。答えはひとつとは限らないからです。最初はわからなくても、僕は一瞬でも自分で考えるようにしています。「仮

＊3　楽に儲かるツールをわざわざ売るわけないですよね。そういう人はゴミツールを売って儲けているだけです。借金をして買って騙された人の中には、損害を取り戻すためにゴミツールを売ってお金を取り戻そうとし、詐欺をする側に回ってしまうケースもあります。

想通貨でアービトラージでマイニングで大儲け」と聞いても信用しません！本当に儲かるか、利益はどこから出るのか、本当と嘘の可能性の両面からデータを調べたり、自分の頭で理解できるまでいろんな人に話を聞いたりします。

一瞬考えるだけでも脳は活性化されて判断力が養われるそうです。そうやって情報を集め、試行錯誤して、自分の答えを見つけていく。それが稼ぐ力です。

幸い僕は最初からできました。なぜかというと、会社でいつも仕事を丸投げされていたからです。答えのない海で必死にもがいてきたからです。皆さんも日々会社で無茶振りされますよね⁉　だったら基礎訓練はバッチリです。

僕が行ってきた株、不動産、ブログ、YouTubeも最初から楽に簡単に稼げるかというと、答えはNOです。でも、辛いかというと、それもまた違います。楽じゃないけど楽しいことはあります。それぞれじっくりお話ししましょう。

まとめ

自分で調べ判断することが大切。わからないならやらない。人の言うことを信じるだけでは詐欺にあうことも！

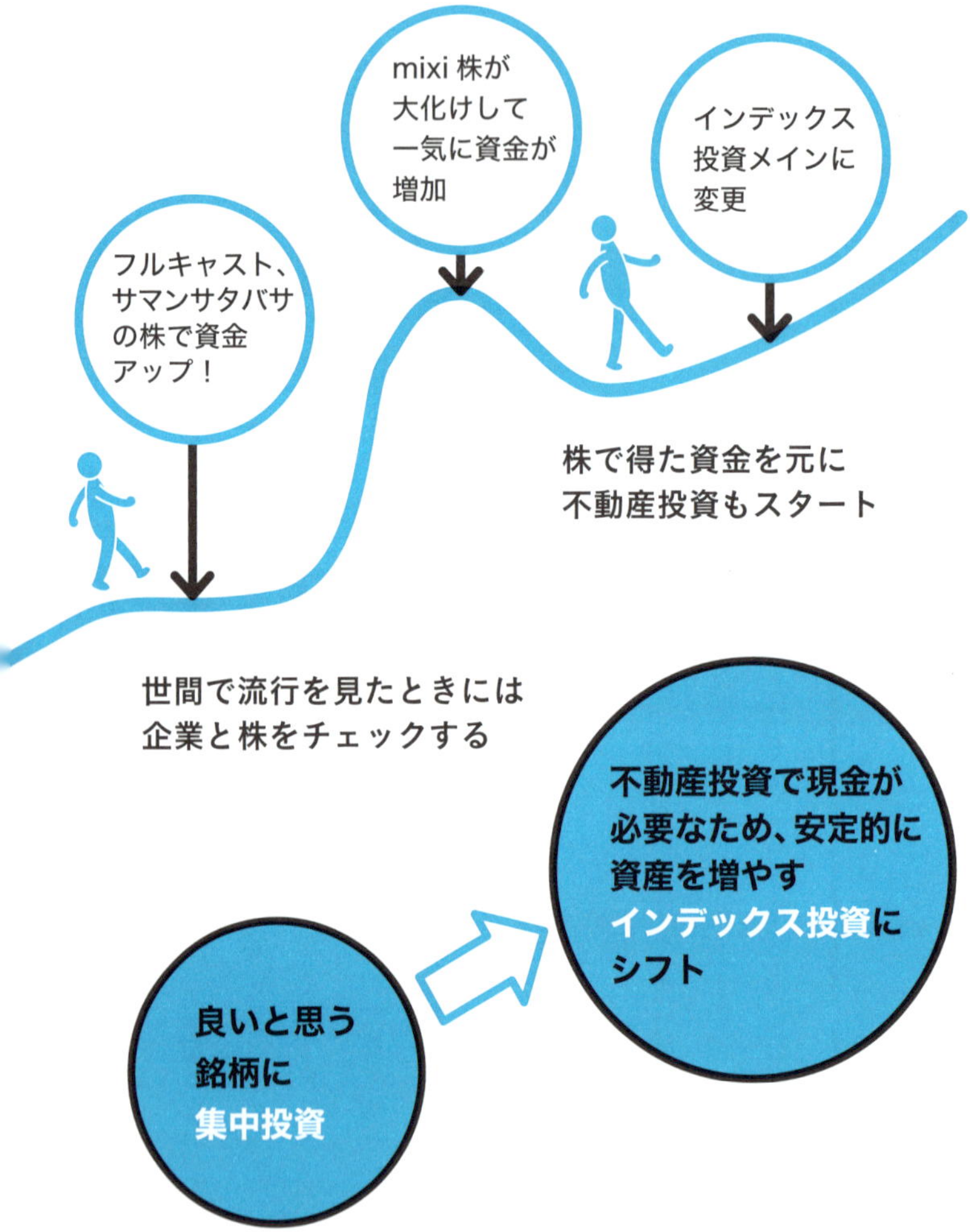
フルキャスト、
サマンサタバサ
の株で資金
アップ！
mixi 株が
大化けして
一気に資金が
増加
インデックス
投資メインに
変更
株で得た資金を元に
不動産投資もスタート
世間で流行を見たときには
企業と株をチェックする
良いと思う
銘柄に
集中投資
不動産投資で現金が
必要なため、安定的に
資産を増やす
インデックス投資に
シフト

株式投資のロードマップ

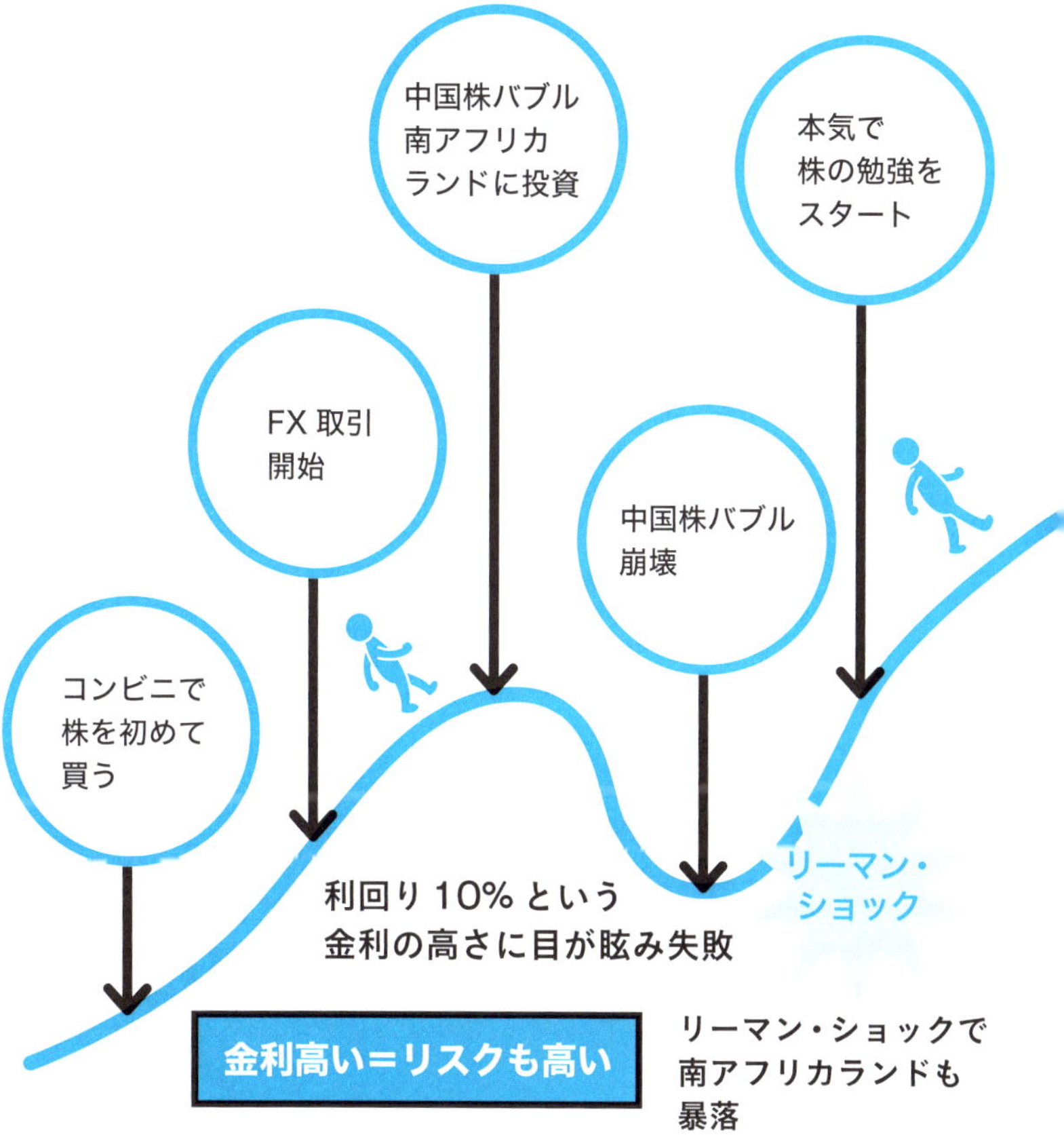

株

01

買うだけで企業が生み出した利益を自分の資産にできる

僕がやってきた株、不動産、ブログ、YouTubeの中で、株だけが完全な不労所得と言えます。

不労所得……いい響きですね！　文字通り、自分は働かなくても資産が増えていく投資です。例えば、トヨタ自動車の株を買えば、トヨタの優秀な従業員さんや経営陣がたくさん車を作って売って利益を叩き出した、その恩恵を株主は得られます。最高ではないですか？

ただ、裏を返せば、買ってしまったら自分ではどうにもできないということです。稼げるかどうかは「どの株を買うか」「いつ売るのか」「持ち続けるのか」の見極め次第ということになります。

それを見誤らないためにも、基本となる仕組みから理解しておきましょう。

そもそも株とは何？

株は会社の権利のようなもので、株を持っている人は会社のルールや社長を誰にするかまで決めることができます。例えば、トヨタの株を100株買ったら、0・00000何%かのトヨタの権利を持つことになります。

そして、会社の利益は株主に還元されることになっています。会社は業績を上げ、会社の利益を「配当金」という形で株主に配ったり（配当金を出さない会社もあります）、株価を上げることで株主に還元しています。

会社の人々が知恵を絞り、さまざまな取り組みを行って業績を上げようと必死に活動し、その結果、株価が上がれば株主も利益を得られるというわけです。

つまり、株で儲ける方法は、2通りです。

- 株価が値上がりしたら売って、売却益を得る
- 保有している株から、配当金を得る（株価の0〜3%が一般的）

株価の決まり方

株価はどうやって決まるのかというと、需要と供給のバランスです。

例えば、トヨタの株を100株5000円で売りたい、5010円で売りたい……と、売りたい人が価格を提示していると想像してください。

一方、買いたい人は1円でも安く買いたがっています。100株4990円で買いたい、4980円で……と、買いたい人が並んでいるイメージです。

売りたい人と買いたい人の価格が釣り合ったときに、売買が成立します。

つまり、買いたい人（需要）が多いと株価は上がっていくし、売りたい人（供給）がたくさん売っていくと株価は下がります。単純に言うと、いつか「買いたい人が増える」と確信できる株を上手く探せば良いのです。

株のメリット・デメリット

株のメリットとデメリットは表裏一体です。主なものを挙げると、
○やることは買うか売るだけ＝何をいつ売買するかを間違えると損になる

○買った株の会社が稼いでくれる＝経営不振になっても自分は何もできない

○会社の業績が予想できる＝予想が外れて会社が破綻したら価値は0になる

○2倍にも10倍にもなる可能性がある＝半分にも、1／10にもなる可能性も

○経済が成長すれば全体的にプラスになる＝成長しなければマイナスになる

○分散させればリスクを軽減できる＝そのぶんリターン（利益）は減る

○買った金額以上のリスクはない

最悪、経営破綻になり、上場廃止したら株の価値は0円になってしまいます。

でも、それ以上の責任を負わなくてよいのは株の良いところと言えます。

その会社が破綻して借金を作ったり、万一、犯罪や法律違反をしたとしても株主が責任を負う必要はありません。

そんなことにはならず、株価がぐんぐん上がって買いたい人が行列するような株を見つければ大きく稼げます。

まとめ

株はお金がお金を生み出す不労所得。しかし見誤れば価値はゼロ

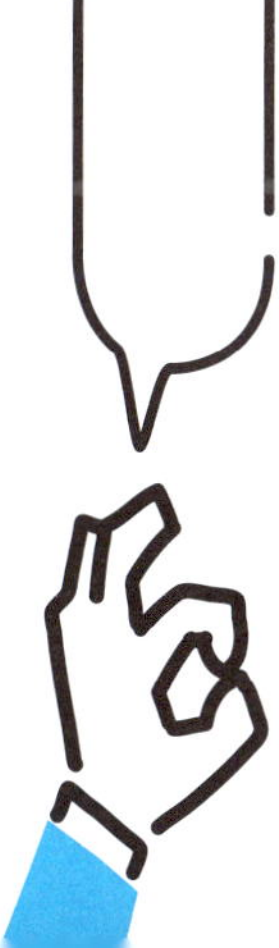

株 02

チャートを見て買うか？業績を見て買うか？

では、ここからいよいよ、具体的な株の投資手法について解説していきます。

世の中には10倍になる株はごろごろ転がっています。ただ、10倍になるような株を買うのは難しい。「なんとなく」とか「誰かが勧めたから」ではなく、「自分で10倍になる株を探すぞ」という目線で勉強する人だけが稼げます。

ちなみに、10倍になる株は1／10になる可能性もあるので、それが嫌な人は123ページからのインデックス投資（投資信託）がおすすめです。

さて、株式投資は大きく分けて、次の2つのスタンスがあります。

○テクニカル……チャートを見て売買する
○ファンダメンタルズ……企業の業績や経済や景気などから判断して買う

チャートとは株の値動きを時系列でグラフ化したもので、それをもとに分析して株価が上がりそうなのか下がりそうなのかを判断し、売ったり買ったりを繰り返します。この方法で大きく儲ける人もいますが、ほとんどの人がゼロサムゲームになってしまうため、負けていく人が多い厳しい世界です。

テクニカルはいわゆる投資のプロがやっている専門的な手法なので、初心者にはお勧めしません。僕もとてもできそうにないので、やっていません。

とはいえ、ファンダメンタルズで投資する場合も、基本的なテクニカルは知っておいたほうが良いので、最低限のところは押さえておきましょう。

チャートにはだいたい、ローソク足、移動平均線、出来高が書かれています。

まず、ローソク足ですが、これは主に3パターンあります。

○日足：ひとつのローソク足が1日を表す
○週足：ひとつのローソク足が1週間を表す
○月足：ひとつのローソク足が1カ月を表す

チャートの基本

チャート

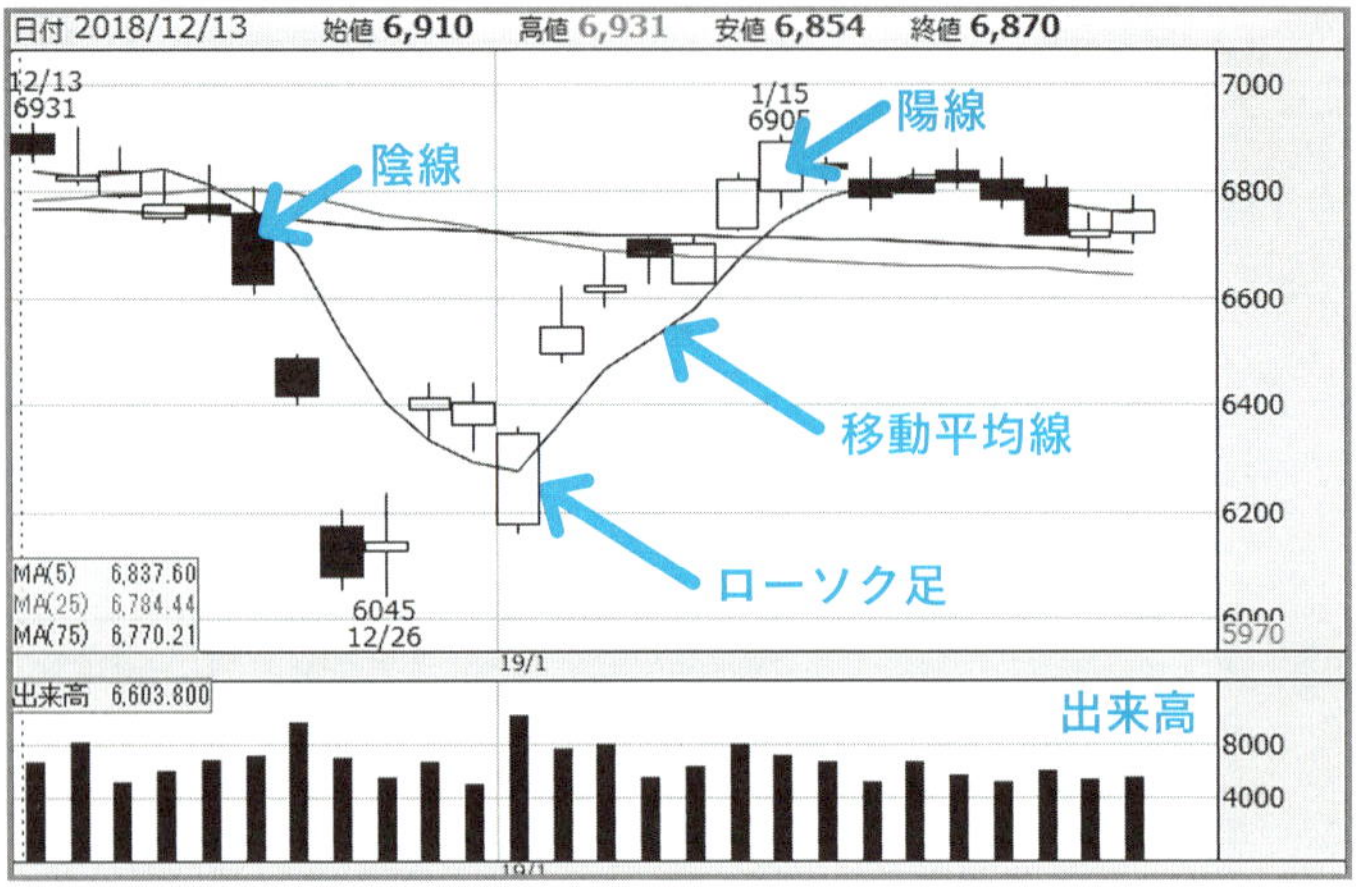

ローソク足

上下から棒が飛び出した四角形が「ローソク足」。1日の株価の動きを現したローソク足を「日足」、1週間の動きを「週足」、1ヶ月の動きを「月足」という。

陽線

中が塗りつぶされていないローソク足を「陽線」といい、始まった時より、終わった時の方が株価が高かったことを意味する。

陰線

中が塗りつぶされているローソク足を「陰線」といい、始まった時より、終わったときの方が株価が安かったことを意味する。

移動平均線

チャートの中に書かれている曲線で、「MA（Moving AVERAGE）」と略されチャートに書かれている。「MA5」は5日移動平均線、つまり当日を含めた過去5日間の終値を合計し、5日間で割ったもの。 MA25は25日移動平均、MA75は75日移動平均を表す。

株価上昇のチャート

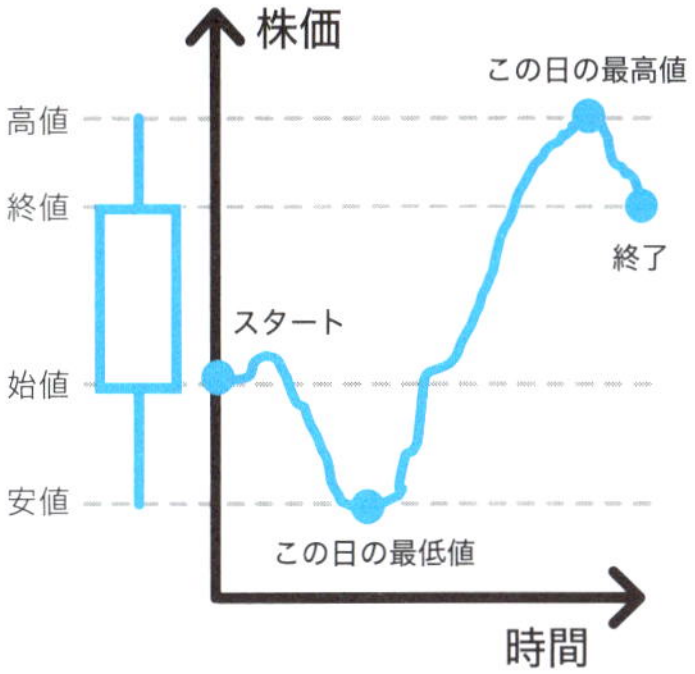

始値よりも終値が高いものが陽線。

株価下落のチャート

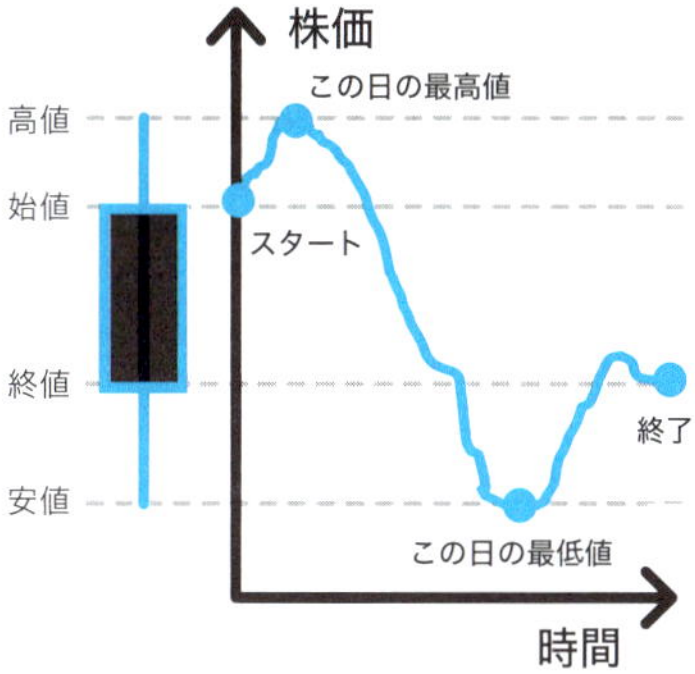

始値よりも終値が安いものが陰線。

下ヒゲ

下ヒゲが長いほど、買いの抵抗が強かったことを示唆。

上ヒゲ

上ヒゲが長いほど、売りの抵抗が強かったことを示唆。

窓

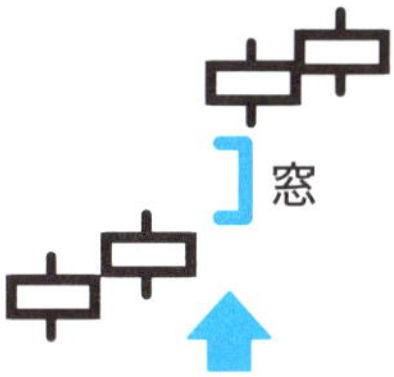

前日のローソク足と当日のローソク足との間に生じる隙間のことを「窓」と呼びます。窓を開けたあとに株価が戻る（窓を埋める）こともある。

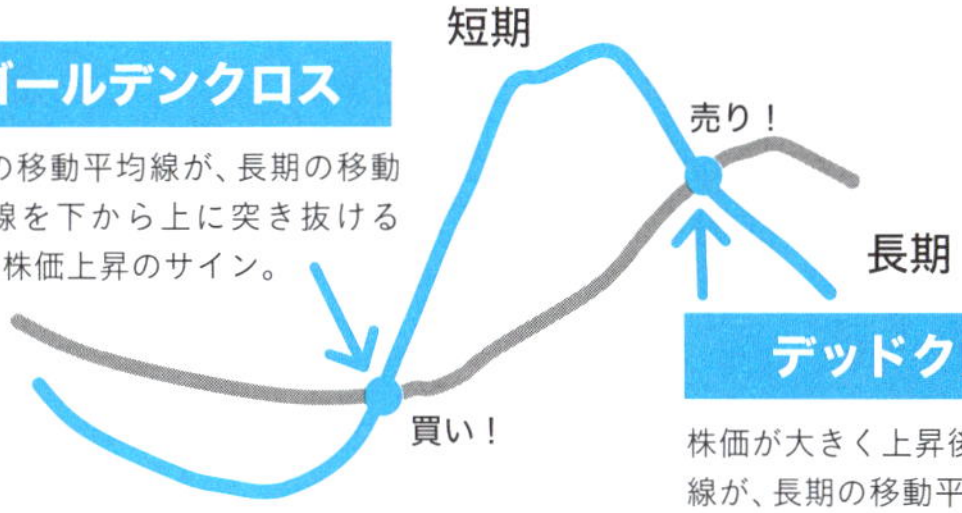

ゴールデンクロス

短期の移動平均線が、長期の移動平均線を下から上に突き抜ける現象。株価上昇のサイン。

デッドクロス

株価が大きく上昇後、短期の移動平均線が、長期の移動平均線を上から下に突き抜く現象。株価下落のサイン。

図の白いローソク足は株価が上昇した場合を、黒いローソク足は株価が下落した場合を表しています。四角い軸の天地が始値（その期間の最初の価格）と終値（同じ期間の最後の価格）です。

そこから上下に伸びている線をヒゲといいます。ヒゲの先端が、その期間の株価の最高値と最安値を表しています。

最初はピンとこないかもしれませんが、ローソク足を見慣れてくると、その期間にどのような変動が起こったのかを直感的に理解することができます。

移動平均線は、各期間の平均の株価を表しています。例えば図の「ＭＡ５」は5日間の、「ＭＡ25」は25日間の、「ＭＡ75」は75日間の平均線です。

短期と長期の移動平均線がクロスするところは、上昇するときがゴールデンクロス、下降するときがデッドクロスと呼ばれて、トレンドが転換するときのサインとして着目すべきところです。

出来高は、どれだけ取引されたかを表しています。急に出来高が増えた場合は、いろいろな投資家から注目されていると解釈してよいでしょう。

その後に株価が大きく上がったり下がったりするケースが多いので、出来高が急増した場合は何らかのチャンスの可能性がある、と考えます。

ファンダメンタルズにも3種類

ファンダメンタルズは、企業の売上や利益が上がっているか、成長率はどうか、資産は十分増えているか、などの細かい分析をして株を買います。

ファンダメンタルズの中でも、大きく次の手法に分かれます。

①グロース投資＝さらに成長して株価が上がりそうな企業の株を買う
②バリュー投資＝企業の内在価値[*4]に対して、株価が割安に放置されている株を買う
③配当株投資＝安定した配当を出してくれる企業の株を買う

①のグロース投資は、僕もやってきた投資方法で、人気があります。
売上が上がり続けて利益を出し続けるような成長企業を探して、その企業の

＊4　企業の価値がその時の時価ではなく、資産や収益、配当など基礎的な要因によって決定される価値のこと。

株を買い、大きく株価の上昇を狙います。

例えば、トヨタ自動車のような大企業はすでに素晴らしい業績を上げているため、ここから売上を2倍にしようとするのはかなり難しいと思われます。

一方、まだ小さい企業は売上を何倍にも増やせる可能性を秘めています。その成長性を見極めるために、さまざまなデータを総合的に判断していくわけですが、本書では主にこの方法を説明していきます。

②のバリュー投資は本来の価値よりも安いまま放置されている株を買う方法です。

人気がない、不祥事などで一時的に大きく売り込まれている、そうした理由で株価が本来の価値よりも下がりすぎていると思う株を買っておき、いつか本来の価値に戻ったら売却して利益を出します。

「本来の価値」と簡単に書きましたが、それはなかなか算出するのが難しく、また、いつ本来の価値に戻るのかも予想しにくいという難しさがあります。

③の配当株投資は、83ページに書いた配当金を狙う方法です。

でも、例えば5％の配当利回りで考えてみると（5％は高いほうです）、100万円を投資しても、その配当金は年5万円、税金を引くと手元に残るのは年4万円。1億円投資して、やっと年400万円の配当金を得られます。

つまり、これから資産を築こうという時に配当金だけ狙ってもなかなか人生は変わりません。安定した収益を得たい人には向いていますが、僕個人としては、資産を大きく拡大したかったため配当株投資は選択肢から外してきました。

まとめ

それぞれの手法に成功者がいる！
自分にあった株式投資法を探し出そう

株 03

決算書を分析して10倍、100倍になる株を探す

ファンダメンタルズで企業が成長して株価が上がるかどうかは決算書などを見て分析します。一見、複雑で難しそうですが、考え方はとてもシンプルです。気になる会社か、または練習がてら自分が勤めている会社の決算書を見てみましょう。ホームページの投資家情報やＩＲ（Investers Relations）と書いてあるところに決算書が掲示されています。

まず「決算説明資料」を見て概要をつかみます。さらに詳しい情報が「決算短信」にまとまっていて、もっと深い情報は「有価証券報告書」にあります。見るのは決算短信まででいいでしょう。その中から次の3つを分析します。

○損益計算書（Ｐ／Ｌ）

○貸借対照表（B／S）
○キャッシュフロー計算書（CF）

分析1 損益計算書（P／L）で利益を見る

損益計算書では、まず「売上が増えているか？」をチェックします。

次に、一番大事な「営業利益」に注目します。

営業利益とは「売上ー原価ー販売管理費[*5]」で、本業で儲かった金額です。

この営業利益に、不動産や株売買などの利益を足して法人税を引いたものを「当期純利益」といいます。

当期純利益は金額とともに、内訳も見ておきます。あくまで大事なのは本業の営業利益だからです。例えば機械メーカーが不動産や株を売却して当期純利益が黒字でも、それは一時的な儲けで、継続的に黒字が続くとは判断できません。

さらに、複数の事業を行っている会社の場合は、どの業種で儲けているのかも見ておきます。それは「セグメント別」などとして売上や営業利益が出てい

＊5 販売活動や管理にかかった費用のことで、人件費や家賃や手数料など。

ます。一般的な企業イメージと、実際に儲かっている事業が意外に違っていたりするので、会社のことをより深く分析できます。

分析2 貸借対照表（B／S、バランスシート）で資産を見る

貸借対照表とは、会社の全資産とそれが誰のお金なのかを表にしたものです。P100の図を見てみましょう。

○左側：持っている金目のもの（資産）を全部書き出したもの
○右側：資産を誰のお金で買ったのか、全部書き出したもの

左側と右側の数字は、常に等しく釣り合うようになっています。

左側の資産は、大きく「流動資産」と「固定資産」に分かれています。

流動資産は、1年以内に現金に換えられるものです。現金、株や債券、販売したけれどお金をもらっていない売掛金などです。

固定資産は、現金化するのに1年以上かかると思われる資産です。保有している不動産や、パソコン、車などもこれに当てはまります。

MIND
ROAD MAP
STRATEGY
STOCK
REAL ESTATE
BLOG
YouTube

トヨタ自動車の決算書から損益計算書を見る

利益の構造

売上 − 原価 − 販売管理費 ＝ 営業利益

※金融費用含む

トヨタの場合

約30兆円 − 約23兆円 − （約1.3兆＋約2.9兆） ＝ 約2.4兆円

営業利益に、金利や不動産や株の売買利益などを足したものから、法人税を引いたものが税引き後当期純利益

連結損益計算書

（単位：百万円）

	前連結会計年度（2019年３月31日に終了した１年間）	当連結会計年度（2020年３月31日に終了した１年間）	増　減
売上高			
商品・製品売上高	28, 105, 338	27, 759, 749	△　345, 589
金融収益	2, 120, 343	2, 170, 243	49, 900
売上高合計	30, 225, 681	29, 929, 992	△　295, 689
売上原価並びに販売費及び一般管理費			
売上原価	23, 389, 495	23, 142, 744	△　246, 751
金融費用	1, 392, 290	1, 379, 620	△　12, 670
販売費及び一般管理費	2, 976, 351	2, 964, 759	△　11, 592
売上原価並びに販売費及び一般管理費合計	27, 758, 136	27, 487, 123	△　271, 013
営業利益	2, 467, 545	2, 442, 869	△　24, 676

出典：トヨタ自動車株式会社2020年３月期決算短信

チェック！ 株式投資を行う時はココを見る！

① 売り上げは増えているか？

② 営業利益はでているか？

③ 税引き後当期純利益の内訳を確認
（営業利益がマイナスでも株や不動産などを売って当期純利益をよく見せている場合もある。何で利益を出しているか調べる）

④ 企業が何の事業で儲けているかセグメントを確認
（会社の中のどの領域が利益を出しているのか、決算資料のセグメント別売上・営業収入の内訳をチェック！）

右側の表では、全資産のうち、自分のお金で買ったのか（資本）、お金を借りて買ったのか（負債）がわかります。

負債にも、1年以内に返済しなければならない「流動負債」と、1年以上後に返済する「固定負債」があります。

また、「資本÷全資産」を計算すれば、自己資本比率がわかります。

さて、投資するかどうかを判断する時には、次のような視点で財務に問題がないかを確認しておきます。

①流動資産は流動負債より多いか？（返済できなければ会社が破産する）
②自己資本比率は高いか？（高いほど安心。同業他社と比較しましょう）
③債務超過になっていないか？（負債が全資産を上回ると上場廃止になる）

PER（株価収益率）とPBR（株価純資産倍率）

ここで、株式投資でよく出てくる3つの言葉を基礎知識として紹介します。

○時価総額＝その日の株価×発行株数

○PER（株価収益率）＝株価÷EPS（1株当たりの利益）
○PBR（株価純資産倍率）＝株価÷BPS（1株当たりの純資産）

時価総額は会社の規模、価値そのものとしても見ることができます。たまに「○○社の株が△△社の株価に抜かれた」などと言っているのを聞きますが、株価を比較しても何の意味もありません。比べるとしたら時価総額のほうです。

PERやPBRは配当株投資などで同業他社を比べる時に使われたりします。PERは業界によっても違うのですが、一般に「10くらいなら合格」と言われます。10というのは、10年で株価と同じ金額を稼ぐことができるという意味です。PERは小さければ小さいほどよく、例えばPERが1だとすると、1年で株価と同じ利益を稼ぎ出すという、すさまじい状態です。

PBRは「1を切っていれば割安」と判断されます。PBRが1を切っているということは、「会社の資産を全部売り払って解散したとしたら、株価以上のお金が返ってくる可能性がある」という意味に解釈できます。

トヨタ自動車の決算書から貸借対照表を見る

貸借対照表（B/S）とは「どれだけ資産があるのか？」を示すもの

全資産 （流動資産） （固定資産）	負債（借金） （流動負債） （固定負債）
	資本 （自分のお金）

右側：資本＝持っている金目のものを書き出したもの

- 流動負債：1年以内に返済しないといけない借金
- 固定負債：1年以上後に返済しないといけない借金

左側：資産＝誰のお金で買ったのか書き出したもの

- 流動資産／流動資産は、1年以内に現金に換えられるもの（現金、株など）
- 固定資産／現金化するのに1年以上かかると思われる資産（不動産、PC、車など）

自己資本比率：持っている全資産の中で、自分が出したお金（資本）の割合。自己資本比率が多ければ大きいほど安心

右と左は常に等しくなることが大事

チェック！

株式投資を行う時はココを見る！

① 流動負債より、流動資産が多くあるか？

1年以内に返済必要な借金よりも、手元にある現金のほうが多いことを確認

② 自己資本比率は大きいか？

自己資本比率の割合を確認

③ 債務超過になっていないか？

借金が資産を上回ってしまい、全資産を売り払っても借金が返せない状態

④ 資本は何があるか？

現金、不動産、在庫のなかで、ほとんどが在庫の場合は危険

(単位：百万円)

	前連結会計年度 (2019年3月31日)	当連結会計年度 (2020年3月31日)	増減
資産の部			
流動資産			
現金及び現金同等物	3, 574, 704	4, 190, 518	615, 814
定期預金	1, 126, 352	828, 220	△ 298, 132
有価証券	1, 127, 160	678, 731	△ 448, 429
受取手形及び売掛金 ＜貸倒引当金控除後＞	2, 372, 734	2, 094, 894	△ 277, 840
貸倒引当金残高: 2019年３月31日 16, 370百万円 2020年３月31日 23, 944百万円			
金融債権＜純額＞	6, 647, 771	6, 614, 171	△ 33, 600
未収入金	568, 156	564, 854	△ 3, 302
たな卸資産	2, 656, 396	2, 434, 918	△ 221, 478
前払費用及びその他	805, 964	1, 236, 225	430, 261
流動資産合計	18, 879, 237	18, 642, 531	△ 236, 706
長期金融債権＜純額＞	10, 281, 118	10, 423, 858	142, 740
投資及びその他の資産			
有価証券及びその他の 投資有価証券	7, 479, 926	7, 348, 651	△ 131, 275
関連会社に対する投資 及びその他の資産	3, 313, 723	4, 123, 453	809, 730
従業員に対する 長期貸付金	21, 683	21, 484	△ 199
その他	1, 275, 768	1, 518, 934	243, 166
投資及びその他の資産合計	12, 091, 100	13, 012, 522	921, 422
有形固定資産			
土地	1, 386, 308	1, 346, 988	△ 39, 320
建物	4, 802, 175	4, 730, 783	△ 71, 392
機械装置	11, 857, 425	11, 939, 121	81, 696
賃貸用車両及び器具	6, 139, 163	5, 929, 233	△ 209, 930
建設仮勘定	651, 713	510, 963	△ 140, 750
小計	24, 836, 784	24, 457, 088	△ 379, 696
減価償却累計額＜控除＞	△ 14, 151, 290	△ 13, 855, 563	295, 727
有形固定資産合計	10, 685, 494	10, 601, 525	△ 83, 969
資産合計	51, 936, 949	52, 680, 436	743, 487

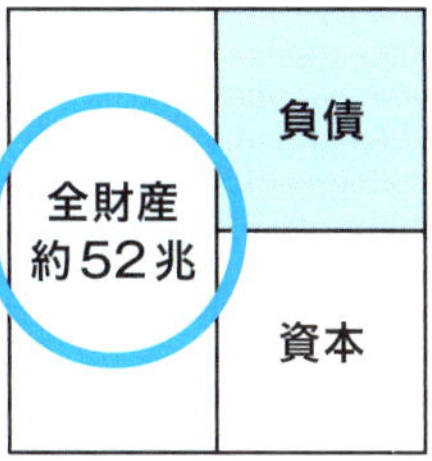
全財産
約52兆
負債
資本

流動資産：約18兆円
金融資産：約13兆円

投資及びその他の資産合計：
約10兆円
有形固定資産：約11兆円

資産合計：約53兆円

(単位：百万円)

	前連結会計年度 (2019年３月31日)	当連結会計年度 (2020年３月31日)	増減
負債の部			
流動負債			
短期借入債務	5, 344, 973	5, 286, 026	△ 58, 947
１年以内に返済予定の 長期借入債務	4, 254, 260	4, 574, 045	319, 785
支払手形及び買掛金	2, 645, 984	2, 434, 180	△ 211, 804
未払金	1, 102, 802	1, 020, 270	△ 82, 532
未払費用	3, 222, 446	2, 926, 052	△ 296, 394
未払法人税等	320, 998	218, 117	△ 102, 881
その他	1, 335, 475	1, 443, 687	108, 212
流動負債合計	18, 226, 938	17, 902, 377	△ 324, 561
固定負債			
長期借入債務	10, 550, 945	10, 692, 898	141, 953
未払退職・年金費用	963, 406	978, 626	15, 220
繰延税金負債	1, 014, 851	1, 043, 169	28, 318
その他	615, 599	821, 515	205, 916
固定負債合計	13, 144, 801	13, 536, 208	391, 407
負債合計	31, 371, 739	31, 438, 585	66, 846

負債
全財産
約52兆
資本

流動負債：約18兆円
固定負債：約13兆円
負債合計：約31兆円

(単位：百万円)

	前連結会計年度 (2019年３月31日)	当連結会計年度 (2020年３月31日)	増減
純資産の部			
中間資本			
ＡＡ型種類株式	498, 073	504, 169	6, 096
発行可能株式総数： 2019年３月31日および 2020年３月31日 150, 000, 000株 発行済株式総数： 2019年３月31日および 2020年３月31日 47, 100, 000株			
資本			
株主資本			
資本金	397, 050	397, 050	—
発行可能普通株式総数： 2019年３月31日および 2020年３月31日 10, 000, 000, 000株 発行済普通株式総数： 2019年３月31日および 2020年３月31日 3, 262, 997, 492株			
資本剰余金	487, 162	489, 334	2, 172
利益剰余金	21, 987, 515	23, 427, 613	1, 440, 098
その他の包括利益・ 損失(△)累計額	△ 916, 650	△ 1, 166, 273	△ 249, 623
自己株式	△ 2, 606, 925	△ 3, 087, 106	△ 480, 181
自己株式数 2019年３月31日 430, 558, 325株 2020年３月31日 496, 844, 960株			
株主資本合計	19, 348, 152	20, 060, 618	712, 466
非支配持分	718, 985	677, 064	△ 41, 921
資本合計	20, 067, 137	20, 737, 682	670, 545
純資産合計	20, 565, 210	21, 241, 851	676, 641
契約債務及び偶発債務			
負債純資産合計	51, 936, 949	52, 680, 436	743, 487

(注) 普通株式とＡＡ型種類株式を併せた発行可能株式総数は、10, 000, 000, 000株です。

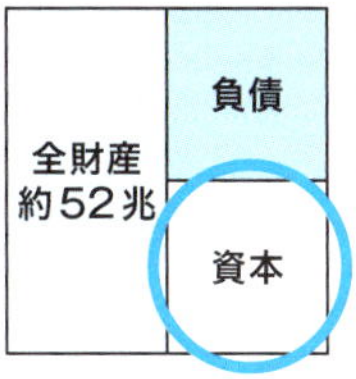
負債
全財産
約52兆
資本

株式資本：約20兆円
その他：約1兆円
資本合計：約21兆円

出典：トヨタ自動車株式会社2020年３月期決算短信

僕のようなグロース投資をする人で、PERやPBRを気にする人はほとんどいません。この数値がいいから株価が上がるかというと、そういうわけではないからです。そもそも、これから成長していく企業ですから、まださほど利益を出していなかったりもします。

僕自身もPERやPBRより、売上が拡大するパーセンテージなどを見て、成長の勢いを感じたりしていました。

分析3 キャッシュフロー計算書（CF）で現金の増減を見る

黒字の会社でも倒産することがあります。それを見抜くために、決算書にキャッシュフロー計算書が含まれるようになりました。

そもそも倒産とは、負債を決められた期限に返済できないことです。一概に「借金があるから良くない」のではなく、どれだけ融資を受けていても、返せていればOKです。

ただ、返すための現金がどんどん減っていれば危険信号です。だから、現金が増えている時も何で増えているのか、そのお金の流れが重要になってきます。

①営業活動によるCF（本業で増えたお金。当期純利益＋減価償却費等[*6]）
②投資活動によるCF（固定資産取得や売却、株の売買によるお金）
③財務活動によるCF（融資－返済で残ったお金）

①の本業で稼いだお金を、②で正しく投資しているか、③の借入金が極端に増えていないかを、総合的に見ていきます。特に、②投資活動によるCFは、設備投資などによってマイナスになることも一般的です。これがプラスの場合、むしろ成長のための投資を絞っていると判断されてしまいます。

以上が決算書で見ていくポイントです。いろいろな会社の決算書を見るうちに数字の感覚がつかめてきて、嗅覚が養われてきます。

＊6 なんで減価償却を足すの？って思われる方もいると思います。減価償却は、お金が出ていかない損失になるので、減価償却を足すことで簡易的に現金の増減がわかります。

トヨタ自動車の決算書からキャッシュフロー計算書を見る！

キャッシュフロー計算書は“なぜ、どのようにして会社の現金が増えたのか、お金の流れを見る”ためもの

（単位：百万円）

	前連結会計年度（2019年３月31日に終了した１年間）	当連結会計年度（2020年３月31日に終了した１年間）
営業活動からのキャッシュ・フロー		
非支配持分控除前当期純利益	1,985,587	2,142,329
営業活動から得た現金＜純額＞への非支配持分控除前当期純利益の調整		
減価償却費	1,792,375	1,605,383
貸倒引当金及び金融損失引当金繰入・戻入(△)額	80,065	142,982
退職・年金費用＜支払額控除後＞	31,645	15,699
固定資産処分損	35,902	56,913
有価証券の未実現評価損益	339,472	20,082
繰延税額	△ 86,594	192,147
持分法投資損益	△ 360,066	△ 271,1[illegible]
資産及び負債の増減ほか	△ 51,789	△ 313,[illegible]
営業活動から得た現金＜純額＞	3,766,597	3,590,643
投資活動からのキャッシュ・フロー		
金融債権の増加	△ 15,884,610	△ 16,896,588
金融債権の回収及び売却	14,859,103	15,667,462
有形固定資産の購入＜賃貸資産を除く＞	△ 1,452,725	△ 1,407,832
賃貸資産の購入	△ 2,286,162	△ 2,187,299
有形固定資産の売却＜賃貸資産を除く＞	65,437	48,751
賃貸資産の売却	1,385,074	1,391,215
有価証券及び投資有価証券の購入	△ 1,840,355	△ 2,413,087
有価証券及び投資有価証券の売却及び満期償還	2,698,798	2,370,406
関連会社への追加投資支払＜当該関連会社保有現金控除後＞	5,010	△ 14,7[illegible]3
投資及びその他の資産の増減ほか	△ 246,811	290,8[illegible]
投資活動に使用した現金＜純額＞	△ 2,697,241	△ 3,150,861
財務活動からのキャッシュ・フロー		
長期借入債務の増加	5,000,921	5,691,499
長期借入債務の返済	△ 4,442,232	△ 4,424,923
短期借入債務の増加	164,282	291,623
当社種類株主への配当金支払額	△ 8,690	△ 11,186
当社普通株主への配当金支払額	△ 636,116	△ 618,801
非支配持分への配当金支払額	△ 69,367	△ 54,945
自己株式の取得(△)及び処分	△ 549,637	△ 476,129
財務活動から得た又は使用した(△)現金＜純額＞	△ 540,839	397,138
為替相場変動の現金及び現金同等物並びに拘束性現金に対する影響額	△ 41,641	△ 131,[illegible]
現金及び現金同等物並びに拘束性現金純増加額	486,876	705,675
現金及び現金同等物並びに拘束性現金期首残高	3,219,639	3,706,515
現金及び現金同等物並びに拘束性現金期末残高	3,706,515	4,412,190

3.6兆円ほど本業でお金が残っている

−3.1兆ほどしっかり投資活動を行い会社を拡大している

前期と比較してキャッシュが7,000億円増えている

出典：トヨタ自動車株式会社2020年３月期決算短信

チェック！

黒字倒産の可能性もあるので、キャッシュフローの確認は大切

銀行から借入をして設備投資をして、事業が黒字だったとしても、期限までに銀行に現金で返済ができなければ倒産となる。手元にある現金の増減は重要。

まとめ

決算書が読めれば株価の動きも読めて勝率は確実に上がる！

キャッシュフローまとめ

1　営業活動によるCF

➡ 本業でどれだけお金増えたか？

2　投資活動によるCF

➡ 投資によってどれだけ増えたか？

工場設立や機械購入などでお金を払うので普通はマイナスになります

3　財務活動によるCF

➡ 銀行からどれだけ借りてきたか？

チェックポイント！

これらがバランス良く動いているか？
総合的に見て大きく現金が減っていないか？
将来に向けてきちんと設備投資をしているか？

決算の見方のまとめ

利益が出ている？(P95)

↓

損益計算書(P/L)

資産は持っている？(P96)

↓

貸借対照表(B/S)

現金はどれだけ増えた？(P102)

→ キャッシュフロー

⇩

この3つを総合的に見ることで、
会社の状態を把握できる

株 04

将来の夢、理想の資産額に合わせて投資法を変える

株式投資は「どの企業に投資するか」も大事ですが、その株を「どういう買い方をするか」も重要です。買い方とは次の3つです。

○集中投資（1〜3社の銘柄に絞って買う）
○分散投資（10社以上の銘柄に分散させて買う）
○投資信託（より多くの銘柄に分散させた投資信託を選ぶ）

100万円を200万円にしたいなど、大きく増やしたいなら集中投資が向いています。ただ、1社に100万円すべて突っ込めば、その1社が潰れたら100万円すべてを失ってしまいます。

そのリスクを取りたくないのなら、100万円のうち10万円をA社の株に、

10万をB社の株に……と、分散させて投資します。買う銘柄を増やせば増やすほどリスクは分散されますが、1社あたりの投資額は減るので、値上がりした時の利益も小さくなります。

それぞれの企業の株を直接買わずに、あらかじめ何社かに分散したパッケージ商品のようなものが投資信託やETF（上場投資信託）です。127ページでも詳しく説明しますが、投資信託の利益の目安は良くて年5％くらいといわれます。例えば100万円を投資しても1年後に105万円にしかなりません。

集中投資が最もハイリスク・ハイリターンで、分散するほどリスク・リターンは低くなります。どれが最適かは46ページで考えた将来の夢、増やしたい金額、投資に回せる余剰資金など個々人の状況によって判断しましょう。

僕自身は、集中投資で資産を増やし、今は投資信託に切り替えています。

まとめ

急成長を狙うなら、グロース株の集中投資！

株 05

実践! 投資したお金が爆増する成長株の見つけ方

株式投資の勉強を本格的に始めた時、僕は「資産を2倍以上に増やしたい!」という野望がありました。だから、大きく伸びそうな成長企業を探して(グロース投資)、1点買い(個別株の集中投資)というスタイルを選びました。

これは、かなりハイリスク・ハイリターンの部類に入ります。急成長を期待できる反面、そのまま会社が潰れて、投資したお金が消える危険性もあります。だから、失ってもいいと思える余剰資金で、10万円くらいから買い始めました。

そのような成長株をどのように見つけるか。実は、目の前に転がっています。

上がる株の情報源は日常のニュース

僕はとにかく日々の日常生活の中でアンテナを立てるようにしていました。

まずはネットニュースです。経済版も見ていましたが、主に普通のニュースをよく見ていました。あとは、ごくささいな日常会話などです。

例えば、一時期、若い女性たちがあるブランドのバッグが欲しいと話しているのをよく耳にしました。そこで僕は「プレゼントしたらモテるかな？」とは考えず、「株価が上がるんじゃないか？」と思って、すぐに株価をチェック。まだまだ上がる可能性を感じたので株を買い、儲けを出すことができました。

また、僕が勤めていた会社には派遣社員さんが大勢働いていたのですが、「派遣社員の規制が緩和されて組織運営を変更する」と告げられました。僕はチーム運営を考えるとともに「派遣会社の株が上がるかも？」とも考えて、さっそくその派遣会社を調べて株価が上がる可能性を分析しました。おかげで、そこでも100万円ほど儲けさせてもらいました。

気になる会社は株価と決算書を即チェック

このように、成長株の可能性は普段の生活の中にたくさんあります。テレビやネットのニュースで話題の会社、商品、サービスなどの情報を得たら、すぐに自分でも試してみたり、条件反射のように株価をチェックします。

株価のチェックは「株探」というサイトが見やすくてよく使っていました。

『会社四季報』で探したり調べたりするのも有効

面白い企業を見つける入り口として『会社四季報』（東洋経済新報社）を買ってみるのも王道です。日本の全上場企業約3800社の基本情報や業績、株価チャートなど、投資判断に必要なデータが網羅されていて、簡単に大量の企業情報を見ることができて大変便利です。どんな会社か、成長性がどれくらいありそうか、売上の拡大や利益率などを大まかに把握するのに使えます。

会社ごとに細かい情報がびっしり買いてありますが、まずは「業績記事・材料記事」の欄に注目しましょう。編集部が直接取材した上でのコメントがあるので、それを見て、将来性があるお宝銘柄が隠れていないかを探します。

例えば最近ならコロナウイルスの影響で巣ごもり需要が伸びています。今後も続くだろうと考えるのなら、そういう内容に注目して期待できる会社をピックアップし、さらに決算書を調べて検討する、という流れです。

まとめ

化ける株は日常にある。
気になるネタは必ず株価をチェック

会社四季報の見方

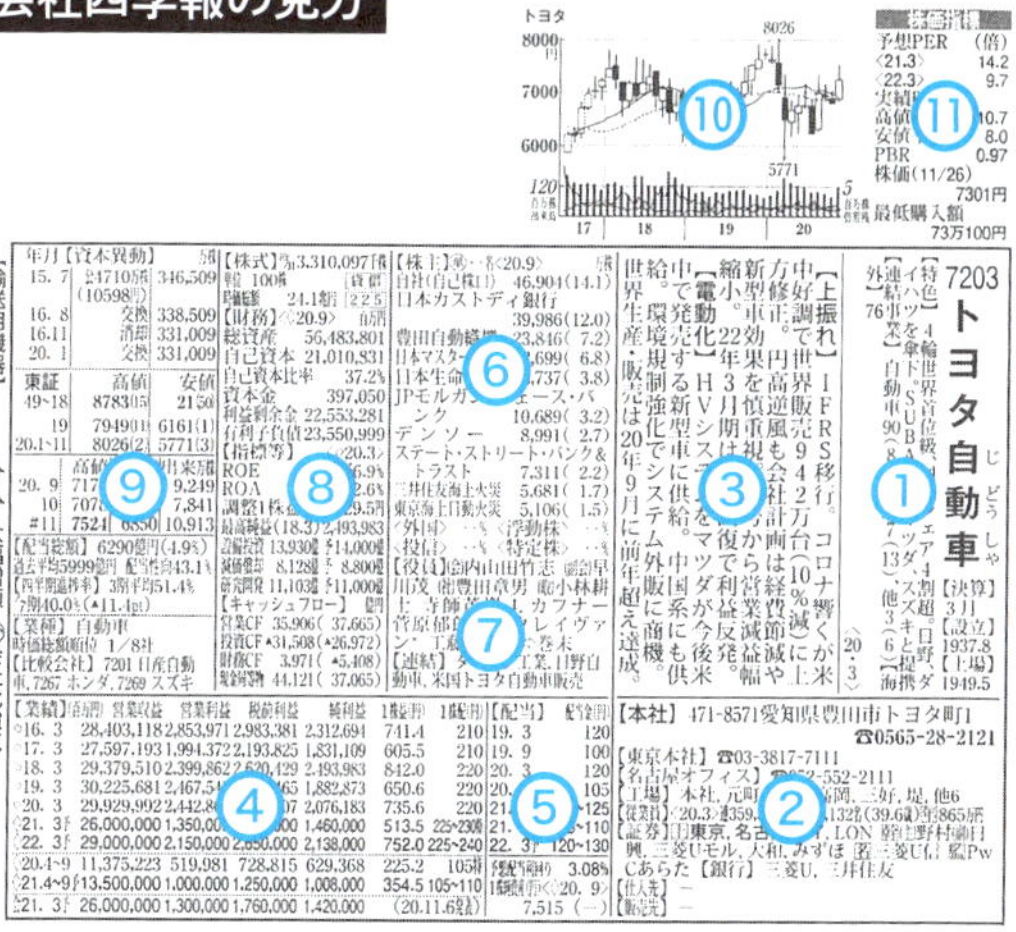

「会社四季報 新春号 2021年新春号」（東洋経済新報社）

四季報にはこれらが書いてある

①業種
②社名・事業内容・本社住所・仕入＆販売先
③業績記事・材料記事
④業績数字
⑤配当
⑥株主・役員構成
⑦役員・連結会社
⑧財務状況
⑨資本・株価推移・業種・比較会社
⑩株価チャート
⑪株価指標

特に④の業績記事、材料記事は注目。四季報の記者が独自の取材をもとに会社を分析している。経営課題や成長に関わる事項が記されているため投資のヒントになることが多い。

株 06

実践！ 大化け株に出合い 1500万円を手にするまで

何ごとも数年間ひとつのことを試行錯誤していると、チャンスが来た時にわかるようになります。株式投資を始めて3年たったある日。「いよいよ、勝負どころだ！」と思う株を見つけ、僕は500万円ほどの金額を投資しました。結果的に利益を1500万円も手にすることができ、資産が1桁上がるという大転機になりました。

ここからは僕が株で大勝利を収めることができた実体験です。皆さんがこれから株を検討する時の参考になればと思います。

大成長株との出合い

ネットニュースを見ていたら、「モンストが大人気」という情報が飛び込ん

できました。モンストとはモンスターストライクの略で、株式会社ミクシィが開発したスマホゲームです。

実は、2013年に同じくスマホゲームのパズドラ（パズル&ドラゴンズ）が大人気になり、開発したガンホー・オンライン・エンターテイメント株式会社の株価が100倍近くまで高騰して話題になっていたのです。「ガンホーの株がそんなに上がるわけがない」と静観していた僕は、ヨミが外れて悔しい思いをしたので、今度は可能性を調べてみることにしました。

どうやって調べたと思いますか？　実際にゲームをダウンロードして遊んでみたのです。スマホゲームを全くやったことのなかった僕ですら直感でわかるくらい簡単な操作性で、*7とても面白いと思いました。しかも、パズドラは一人で楽しむゲームですがモンストは通信して友達と一緒に盛り上がれます。会社の同僚にも紹介したところ、僕以上にハマっていた姿を見て「このゲームは将来性がある！　ミクシィの株も上がるはず!!」とかなり手ごたえを感じました。

*7　実際にめちゃくちゃ面白かったので、ダウンロードして初めのガチャガチャで強いキャラをとれるまでリセットして再ダウンロードを繰り返す「リセットマラソン」略してリセマラというものをこれで初めてやりました（笑）。

なぜ上がるのか、下がるのか理由を探す

実はミクシィの株に関しては、モンストのリリース後の決算書が出る前に、成長性を予想して買っています。では、何をもとに購入を決めたのか——。

スマホゲームがどうやって利益を出しているのかというと、強いキャラクターを取得するためにユーザーが課金してガチャガチャを回すことが収益源となっています。そのため、より多くの人がモンストで遊ぶようになって、そして多くの人が課金するのかどうか、そこの見極めがポイントだと考えました。

モンストがどれくらい売上ているのかを測る指標のひとつとして、いろいろと調べた結果、iPhoneアプリのセールスランキングを見れば予想がつくことがわかりました。見てみると、モンストはリリースして間もないのに課金されている上位のランキングになっています。このまま、さらにランキングが上がっていけば、それだけミクシィの売上も上がっていくことが予想されます。し

かもガチャガチャの課金なので、ほぼ売上＝利益となります。僕も実際に何万円も課金をして、課金する人の心理[*8]になってみたりもしました。

ライバルと比較

パズドラを大ヒットさせたガンホーの時価総額は1兆円を超えていました。もしモンストが大ヒットしてパズドラを超えることができれば、同じようにミクシィも時価総額1兆円を超えるのではないか、とも予想しました。

当時、ミクシィの時価総額は1000億円前後だったので、10倍以上の株価になる可能性があると考えたのです。

買い時は「上がる」と判断した、その時！

こうして僕はミクシィの株を買いました。手取り年収の7割、全資産の6割に相当する大金を、ミクシィ株1点に、一気に投じました。

成長株1点買いはハイリスクですが、過去に小さな勝負で勝ったり負けたりしてきた経験から、今回は上がる可能性が高いと判断した末の投資なのでギャ

＊8　会社で、「もふさんが課金しまくっているらしい」とちょっと噂になりました（笑）。またモンストのレベルを上げすぎて、同僚の小学生の息子さんに「お父ちゃん、この人は本当に働いているの？」と小学生に心配されたりもしました（笑）。すべては株の分析のためだったとは当時誰も知りませんでした。

ンブルではありませんでした。

自分が「これから上がる」と判断する株があるなら、その時点で思い切って買えばいいと思います。経験が浅いうちや、そこまで強い確信が持てない場合は、ドルコスト平均法（130ページ）のように、半年間に6回に分けて買ってみるとか、1年に2回買ってみてもいいと思いますが、その分利益は減ってしまう可能性があります。

だから、自信のある株についてはガンと一気に勝負するのが僕のやり方でした。買った後は自分の予想に対しての答え合わせのようなものだと思います。

どこまで株価が上がるのか？

さて、2013年末に僕が買ったミクシィの株はどうなったでしょう。

購入直後はなかなか株価も上がらず、もどかしい思いをしました。でも、モンストの人気はどんどん高まっていたため、株価もいつか上がるはずだと信じて保有し続けていました。

「株式投資は不労所得はない」と最初に書きましたが、僕は買った後もミクシィの株のことが気になって、パズドラの売上と比べたり、新たな決算の結果を読み込んだり、いろいろ調べ続けていました。不労所得で悠々自適……というイメージとは程遠く、かなり時間を割いていた気がします。

2014年になってからも株価はなかなか上がらなかったのですが、それでもモンストが日に日に人気になっていき、周りの友達もハマっていくのを見て、いつかどこかで必ず株価は上がると感じていました。

2014年5月、長年1位を独占していたパズドラの牙城をモンストが崩し[*9]たのをきっかけに、ついにミクシィの株価が一気に跳ね上がり、そこからぐんぐん上昇し続けました。

こうなると株価の値動きがとても激しくなります。有頂天になった僕の様子を想像しましたか？　ところが、実際はちょっと違ったのです。

*9　この時、パズドラのプロデューサーが「2位に転落してしまい、なんかすみませんでした！」といってお詫びのプレゼントを配ったのが話題になりました。

まとめ

大きな勝負どころで集中投資！　の前に、必ず自分で企業を調べ、同業種ライバルと比較

株 07

株はどこで売るのか？ 決断はとても重要で難しい

ミクシィ成長株のすごさを体験した僕は、同時にその恐ろしさも知ることになります。毎日、資産が数百万円増えたかと思うと、たちまち数百万円減ったりして……トイレに行っている数分間でも月給くらいの額が動くのです。

僕は本業の仕事が手につかなくなるくらい株価が気になって、精神的にかなり負担を感じていました。

株価は最大で買った時の5倍の値がつきましたが、そこから3倍くらいの値に落ちたところで精神的に耐えられず、全部の株を売って利益を確定しました。

株は瞬間的にいくら上がっても、売って利益を確定しないと稼いだことにはなりません。「また上がるかもしれない」と思うとなかなか売れず、それでズ

ルズルとマイナスに転じてしまうこともあります。もちろん、売った後に爆上げすることもあります。いつ売るかは、[*10]何をいつ買うかと同じくらい難しい……。

答えはないのですが、僕のように「精神的な許容度を超えた時」、あるいは「成長が止まった時」、何よりも株価が下がって「経済的な許容度を超えた時」は一時的に損してでも手放したほうがいい気がします。

こんな風に、株は不労所得ではありますが、やっぱり楽には稼げません。

でも、難しいからこそチャンスがあります。Amazonが上場した1997年から株を保有し続けている人は1000倍以上になっています。10万円分の株を買っただけでも1億円です！　日本でも、例えば株式会社MonotaRO（モノタロウ）は2006年の上場から100倍になっています。大きく成長する株を見つければ、誰もが莫大な資産を築ける可能性が平等にあるのです。

＊10　含み益をいつ利益確定するかは本当に難しいです。もっと上がるんじゃないかと思っていたら元の価格に戻ってしまった経験や、売却後に暴騰した経験は、投資家なら誰しも少なからずあると思います。

まとめ

「また上がるかも」の夢を見過ぎない。株の利益は確定してこそ資産になる

株 08

「予想外のことが起こるのは日常茶飯事」という株の世界

僕はYouTubeに動画を出すようになって、改めてその勢いに圧倒されました。それまでブログを1年以上もやっていたのですが、ブログを見てくれている人の合計時間をYouTubeの視聴時間があっさりと抜いてしまったのです。これは衝撃的でした。YouTubeのすごさを肌で実感しました。

それでいろいろ調べ、UUUM[※11]株式会社というYouTuber事務所の株を2018年に買いました。UUUMはタレント事務所にも、テレビ局にも、広告代理店にもなり得ると、大きな可能性を感じたからです。広告代理店の最大手である電通の時価総額は1兆円を超えていたので、UUUMもそこまで行くと予想しました。実際、買った後の株価はすごい勢いで伸びました。

しかし、2019年に入って予想外の事態が起こりました。YouTubeに芸

＊11　UUUMはヒカキンさんやはじめしゃちょーなど日本のトップYouTuberが所属している日本で断トツのYouTuber事務所です。

能人が参入してきたことと、人気YouTuberがUUUMを離脱したことです。これでもうUUUMの将来性は見込めないと思い、2019年の年末に持っていた株を半分売却し、2020年1月には全ての株を売却して利益を確定しました。

僕は株価が暴落する前に売却し、利益を出せましたが、その後、2020年1月に4600円ほどあった株価は年末には[*12]1600円くらいになってしまいました。

投資の原則として、短期的に株が上がるか下がるかを完璧に予想することは不可能です。経済学者、投資家などいろんな人が株価を予想していますが、いまだかつて完璧に予想を当て続けた人はいませんし、これからもないでしょう。

だからこそ、自分で分析して、確信を持てた株を、必ず余剰資金の範囲で投資していかなければ酷い目に遭います。

僕自身、その難しさが身に染みたので、今は投資スタンスを変更しています。

＊12 もし持ち続けていたら、大きなマイナスになってしまっていました。想像つかないことが起こり得る、これが株の怖いところです。

まとめ

株の予想は不可能だからこそ、投資は余剰資金で行う

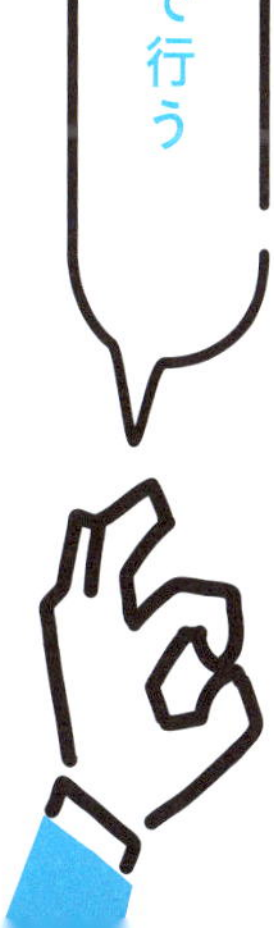

株
09

資産を守りながら育てる、もふ流・ローリスクの投資信託

僕はミクシィの株を売却してからは、成長企業の個別株投資はほとんどやっていません。激しい値動きが精神的に厳しかったこともありますが、株で儲けたお金を元手にして不動産投資を始めたからです。

不動産投資では銀行から多額の融資を受けるので、万が一のことがあって株で失敗してしまったら、融資の返済に影響が出てしまいます。

だから、「株で資産を2倍以上に増やす」という方針から、「資産を守りながら長期目線で安定的に増やす」というように大きくスタンスを変更しました。

具体的にはＳ＆Ｐ５００に積み立てるインデックス投資を毎月、ドルコスト平均法で買っています。

「Ｓ＆Ｐ５００に積み立てるインデックス投資?……って日本語か??」と思っ

た方に向けにご説明します。むしろ、この言葉の意味がわからない初心者の方にこそ、おすすめしたい投資法です。

まず、「S&P500」はアメリカのニューヨークに上場されている優良企業500社の株に連動する指数です。AppleやAmazon、FacebookやGoogleなどの超有名企業はもちろん、幅広い業種のトップ企業の株価から算出されます。

要するにアメリカ版の日経平均みたいなものです。[*13]

投資の神様と呼ばれるウォーレン・バフェット氏が、家族に「自分が死んだらS&P500を買いなさい」という遺言を残していると言われるほど、専門家にも高く評価されています。もちろん未来は予想できないので、下がることもあり得ますが、これまでは年平均でかなり高い基準で上がってきました。

次に、「インデックス」とは投資信託のタイプです。

投資信託とは、投資家のお金を預かった会社が、投資家の代わりに運用してくれる仕組みのことです。投資先は、株式、債券、外貨、金、不動産などいろ

＊13　正確に言うと、指数の算出方法的にはダウ平均が日経平均に近く、S&P500はTopixに近いです。

いろです。何にどれくらいの割合で投資をするかは、投資信託の種類によって異なります。

そして、投資方法について、3つのタイプがあります。

○インデックス型
○アクティブ型
○バランス型

インデックス型は、S&P500や日経平均など、それぞれの指標と同じ値動きを目指す投資方法です。アメリカ経済が伸びると考えるならS&P500などアメリカの指数に連動するものを、日本経済が伸びると考えるなら日経平均と連動するものを、ヨーロッパが伸びると考えるなら……と選んでいきます。

アクティブ型はファンドマネージャーと呼ばれるプロがいろいろと考えて組み合わせた投資信託です。実は、平均的に見るとインデックス型のほうがアクティブ型よりも成績が良い、という実績があるのです。手数料もインデックス型のほうが安いので、アクティブ型を選ぶメリットはほとんどないと言えます。

バランス型は、国も金融商品もバランスよくミックスした投資信託で、究極の分散投資といえます。今後、どの国のどの分野がどのように上下するか不透明だと考えるなら、バランス型という選択肢もありです。

「世界経済は終わりだ」と考える人は別ですが、それ以外なら、どこかの国のインデックス型か、バランス型の投資信託を、ドルコスト平均法（130ページ）で長期的にコツコツ買っていくのが安定的に資産を増やす正攻法です。

証券会社に口座を開く

投資信託は銀行や証券会社などで購入することができます。

ちなみに株は銀行では買えないので、「当面は投資信託だけでいい」という人も、証券会社に口座を開くのがおすすめです。

証券会社には店舗を構える会社と、ネットのみの会社がありますが、ネット証券会社のほうが手数料も安く、多くの銘柄を扱っています。

特に、SBI証券と楽天証券が人気です。SBI証券はネット証券でトップシェアを誇り、楽天証券は楽天ポイントと連携したお得さが受けています。

いずれも、口座を開設する際には、「特定口座を開設して源泉徴収を選択する」というタイプにしましょう。面倒な確定申告が不要になります。

つみたてNISAに申し込む

つみたてNISAとは、投資で得た利益に対して非課税になる国の制度です。最長で20年間、年40万円までの積み立てに対して、通常なら利益の20・3%も取られてしまう税金がかかりません。この制度を利用するためには、開設したネット証券につみたてNISAの専用口座がの申請が必要です。

「今は投資するお金がない」という人も、SBI証券や楽天証券では、月々100円から積み立てられます。100円の投資で大きく稼ぐことは正直、難しいですが、投資の練習になります。やはり実地に勝る勉強はありません！

つみたてNISAと似た制度に、単なる「NISA」があります。これは年120万円まで利用できるのですが、運用できる期間が最長で5年間なので長期運用には向きません。ですが、つみたてNISAは指定された投資信託のみが対象ですが、NISAは上場株も対象になります。僕もミクシィ株など個別株をやっていたときはNISAを利用していました。

ちなみにつみたてNISAとNISAはどちらかひとつしか利用できません。

もうひとつ「iDeCo（イデコ）」という制度もあります。購入金額を非課税にできるので、つみたてNISAよりも節税効果が高いのですが、これは老後資金を貯めるためのものです。基本的に60歳までは引き出せないという制約と、受け取り時に課税されるデメリットがあります。

これから不動産投資もしてみたいとか、自分の家を買いたい、子どもの教育資金が必要になりそう、といった場合は慎重に検討しましょう。

投資信託を買う

証券会社によって扱う投資信託は違いますが、「S&P500に連動するインデックス投資」のタイプはたいていどの証券会社にもあり、どれもパフォーマンスは変わりません。バランス型の投資信託も同様です。

一般的に、投資信託には主に次の手数料がかかります。

○販売手数料（購入する時のみにかかる手数料）

○信託報酬（ファンドを運営するために毎年かかる手数料）

これは証券会社によって若干違うのですが、つみたてNISAに関してはあまり大きな差となっていません。なぜなら、もともとつみたてNISAの対象として指定された投資信託は、手数料が安くて積立に向いている、と国が判断したものだからです。具体的には、

○販売手数料はゼロ（ノーロード）

○信託報酬は一定以下（例：国内株のインデックス投信の場合0・5％以下）

つみたてNISA以外で投資信託を買う時も、これを基準に手数料が高いか安いか判断するといいでしょう。僕が見た投資信託の中には「販売手数料4・32％、信託報酬2・18％」と、購入して1年保有するだけで6・5％もの手数料を取られてしまう投資信託もあったので、くれぐれも注意してください。

まとめ

ゴールにたどり着いたら、安全な投資信託で安定的に増やす

税金が優遇される投資用口座

		NISA	つみたてNISA
上限		120万円	40万円
税金のメリット	運用利益	非課税	非課税
	お金を引き出す時	非課税	非課税
運用可能期間		5年（最長10年）	20年
運用できる商品		株・投資信託・ETF・REIT	一部投資信託とETF
途中引き出し		可能	可能
口座開設手数料		なし	なし
口座管理手数料		なし	なし

※つみたてNISAとNISAは併用できないので注意。

一般の口座で投資をすると運用利益に20％の課税がかかり、例えば100万円儲けても手元には80万円しか入りません！　だから、NISA、つみたてNISAをおすすめします！

iDeCoについて

投資用の口座の候補としてiDeCoもあります。ですが僕は投資という観点から見るとおすすめしません。「基本的に60歳まで引き出せない」「給付時に税金がかかる場合がある」「加入時・運用期間中に手数料がかかる」「掛け金の限度額が決まっている」などデメリットが多いと感じています。

株
10

なるべく株で損をしたくないなら、時間を分散して投資をする

どの株が上がるか下がるかの予想が難しいように、いつ上がるか下がるかのタイミングも読むことができません。

そこで、銘柄の分散投資と同じように、時間を分散して投資する方法もあります。これを「ドルコスト平均法」といいます。

これはひとつの銘柄（株でも投資信託でも）を決めたら、１度に買わず、毎月同じ金額を買い続ける方法です。

この方法で、毎月１万円分の株を買うことに決めたとします。わかりやすいように、「１株１００円×１００株」でスタートした、とイメージしてください。

翌月、株価が暴落して半値になってしまいました。すでに買った１００株の

価値は5000円になってしまっています。それでもひるまず、また1万円分の株を買い足します。半値ということは1株50円なので、1万円で「1株50円×200株」買うことができます。これで最初の100株と合わせて、計300株保有していることになります。

その翌月、運よく株価が1株100円に値戻りしました。そうすると、「1株100円×300株＝3万円」の価値になります。つまり、2万円で購入したものが、3万円分の価値になって、プラス1万円儲かったことになります。そして、この月もまた1万円分買い足して……と、続けていくのです。

これが、ドルコスト平均法の効力です。「平均買付単価を下げる」という言い方もします。こうやって長期間運用しながら、目標の利益が出たタイミングで売って、利益を確定することができます。

「いつ買ったらいいかわからない」という初心者から、「どうせ相場は読めないから」という専門家まで、多くの人に支持されている方法です。

では、ドルコスト平均法が万能かというと、注意点もあります。

○選んだ銘柄の価値が下がり続けたら、結局ダメ
○中断すると効果が薄い（続けることが大切）
○購入時の手数料に注意

いくらドルコスト平均法で購入し続けても、価値が下がり続けてプラスに転じなければ、メリットはありません。かなり手堅く、必ず上がると確信できる銘柄を選ぶ必要があります。

また、価値が上がると確信してスタートしても、実際に価値が下がると精神的にダメージを受けて売ってしまいたくなりがちです。そういう時にもグッと堪えて買い続けられるくらいの金額にしておきましょう。

投資信託の購入手数料は、証券会社や銘柄によって異なります。あくまで目安ですが、手数料0・5％未満なら良いとされています。

また、投資信託をドルコスト平均法で購入する場合は、分配金が出るものは複利の力が弱まるので、その点も注意が必要です。

まとめ

初心者は「ドルコスト平均法」で時間を分散し、安定投資をするのがおすすめ

ドルコスト平均法とは？

毎月・毎週など一定のスケジュールで同じ金額で買い続ける方法を「ドルコスト平均法」という。相場を読んで投資を行うのではなく、平均をとることでリスクを分散させる。

毎月1万円分の株を購入した場合

	1カ月目	2カ月目	3カ月目
株価	100円	50円	100円
購入数	100株	200株	100株
累計数	100株	300株	400株
平均単価	100円	66.6円	75円

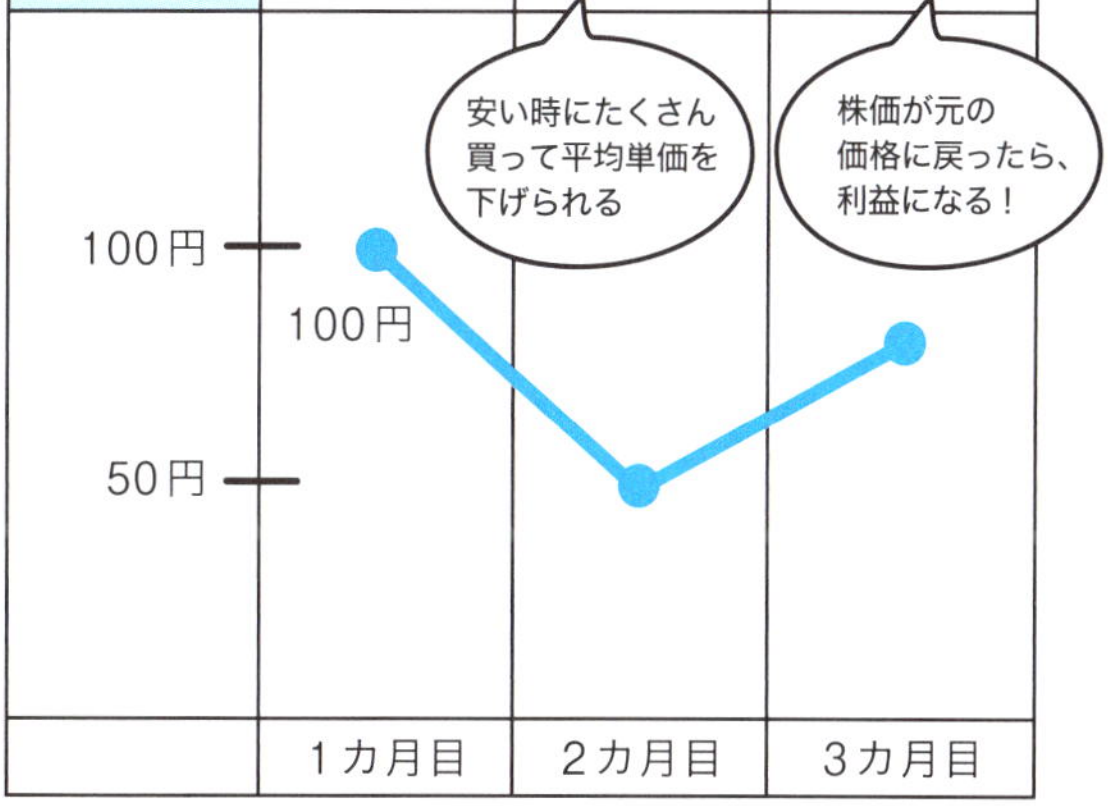
安い時にたくさん買って平均単価を下げられる
株価が元の価格に戻ったら、利益になる！
100円
50円
100円
1カ月目
2カ月目
3カ月目

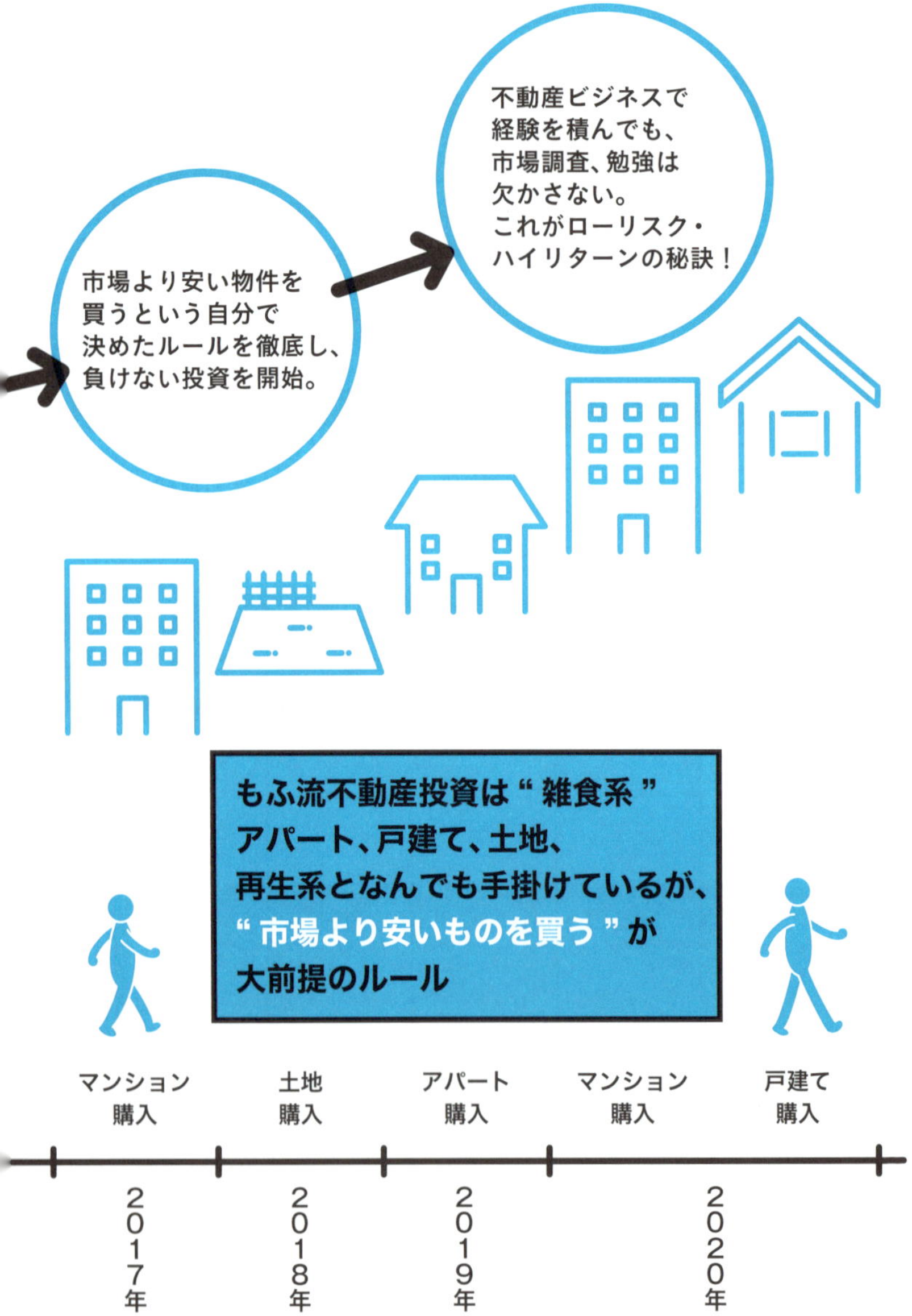
市場より安い物件を
買うという自分で
決めたルールを徹底し、
負けない投資を開始。
不動産ビジネスで
経験を積んでも、
市場調査、勉強は
欠かさない。
これがローリスク・
ハイリターンの秘訣！
もふ流不動産投資は“雑食系”
アパート、戸建て、土地、
再生系となんでも手掛けているが、
“市場より安いものを買う”が
大前提のルール
マンション
購入
土地
購入
アパート
購入
マンション
購入
戸建て
購入
2017年
2018年
2019年
2020年

不動産投資のロードマップ

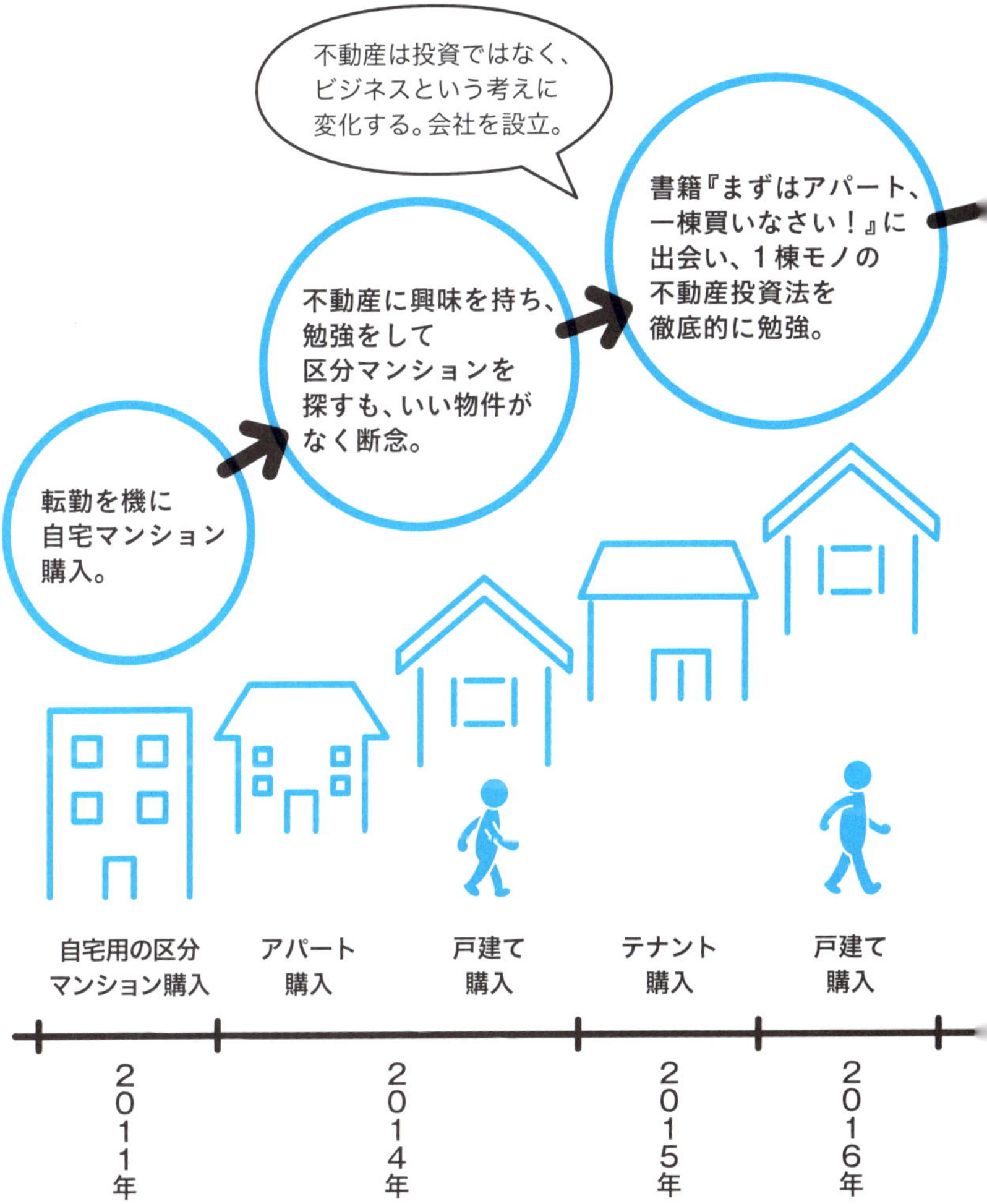

不動産
01

不動産投資は危険じゃない！
知識と経験があれば一番割の良い投資

不動産投資とは、簡単に言うと大家さんになることです。マンションや家などを買って、入居者さんを見つけて家賃をいただき、収益を得ます。

そして、相場より不動産を安く購入できれば、売却した時にも利益が出ます。

つまり、２通りの方法で儲けることができます。

○家賃収入（インカムゲイン）

○売却益（キャピタルゲイン）

売却益は、例えば物件を１０００万円で買って、10年後に２０００万円で売ると１０００万円の利益が出ます。このように売却益はインパクトが大きいのですが、物件の値上がりを予想するのはかなり難しく、逆に１０００万円の価値しかない物件を２０００万円で買ってしまう危険性もあります。また、売却益だけを目的に繰り返し転売することは法律で禁止されています（反復継続）。

一方、家賃収入が安定的に入ってくるかどうかは予想しやすいので、まずは家賃収入で確実な利益を狙うのが基本です。それでもトラブルは起こりますが、あらゆるトラブルに対処法が用意されているので、稼げる確率は高いのです。

そういう意味で、不動産はミドルリスク・ミドルリターンで堅実な投資だと言われます。僕を含む多くの不動産投資家は、勉強や経験によってリスクを小さくできるので、不動産はローリスク・ハイリターンだと考えています。

しかも、株で堅実と言われる配当や投資信託の利回りは良くて年5%と言われますが、僕がやってきた不動産投資なら収益性[*14]10%以上を狙うことも可能です。事実、会社に勤めながら不動産投資で人生を変えた人はたくさんいます。

ただ、扱う金額が大きくて銀行融資も受けるので、やはり「楽に稼げる」とは言えません。そうした魅力と注意点を次ページから詳しく説明していきます。

＊14 家賃収入が単純にそのまま残るわけではなく、銀行返済、管理費用、リフォーム費用、税金などの支払いがあります。

まとめ

不動産はミドルリスク・ミドルリターン。勉強をすればローリスク・ハイリターンの勝ちやすい投資法

不動産 02

参入障壁が高いからこそ、稼ぐことができる不動産投資

まず、不動産投資のメリットとデメリットをしっかり把握しておきましょう。

メリット1 収益が安定している

少子化の日本とはいえ、住む家のニーズは常にあります。

しかも、住み始めた人は、そんなにすぐには引っ越ししません。一度入居者さんが入ってくれれば安定して家賃をもらい続けることができるのです。

カフェや雑貨屋さんなど商売のほとんどは来店するお客さん次第で売上予想が難しいものですが、家賃収入は毎月一定額を安定的に読むことができます。

メリット2 銀行融資が使えて、レバレッジが利かせられる

レバレッジとはテコの原理のことで、小さな力で大きな物を動かすことを言います。不動産購入時には銀行の融資を受けられるので、たとえ元手が小さくても大きな規模の投資ができるのです。

例えば、500万円を元手に3000万円の融資を受けてアパート1棟まるごと買えば、複数の世帯から家賃収入が得られます。手元の500万円でマンション1室を買って1世帯から家賃をもらうより効率よく稼げます。

銀行は株などの投資に対しては融資をしませんが、不動産については「事業」と考えているので融資をしてくれるのです。

メリット3 手元にお金が残る

図のように、家賃収入から銀行融資を返済し、

不動産投資でお金を稼ぐ仕組み

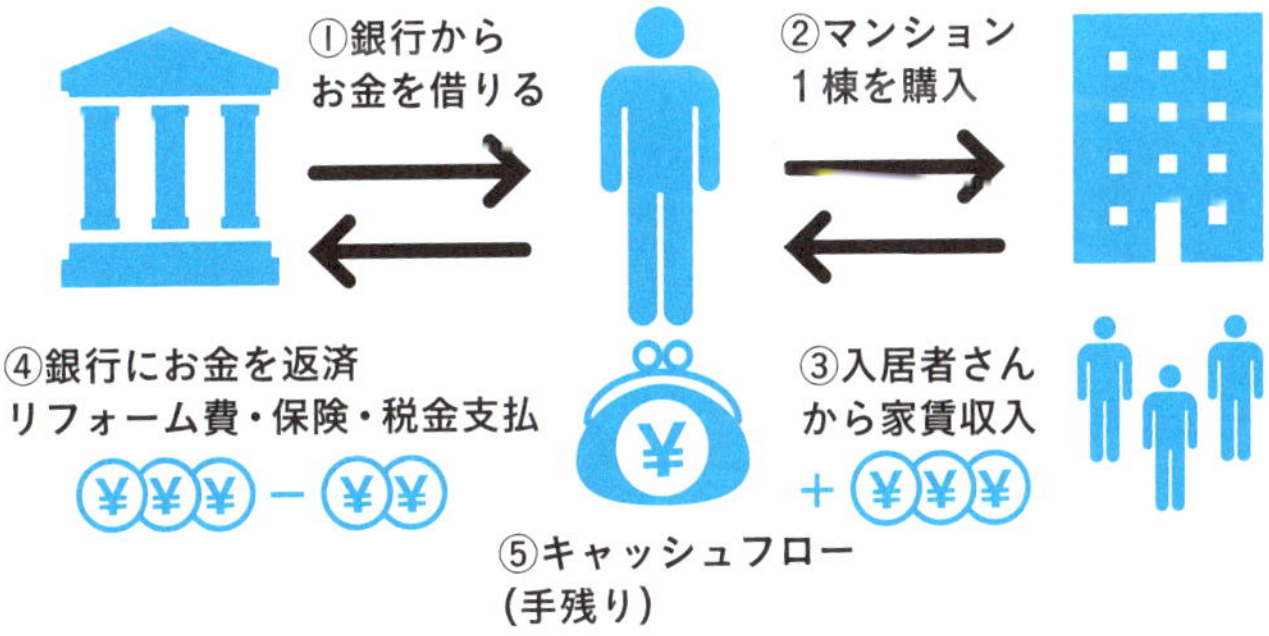

管理費用や税金などを支払って、手元[*15]にお金を残すことができます。その間に銀行[*16]への返済額は減り続けます。

メリット4 時間を味方にできる

万一、不景気などで不動産の価格が下がったとしても、家賃収入があって手元にお金が残り続けるなら、売らずに持ち続けるという選択もできます。景気が回復して不動産の価格が上昇したら、必要に応じて売ればいいのです。

その間にも銀行への返済額はどんどん減っていきます。こうして時間を味方にして、負債が0になった時点で売却すれば、売却益はより大きくなります。

メリット5 市場のゆがみが大きい

市場のゆがみとは、「本来の価格よりも安い価格で売られること」でしたね。不動産投資ではその価格差がとても大きいのです。理由は2つあります。

まず、価格がわかりにくいこと。不動産は同じものが2つとありません。130円の缶ジュースなら高いか安いかわかりやすいのですが、ある家を見て、

*15 ワンルームマンション投資では、手元からお金が出続けるケースが多いのに、それを「将来の年金、節税、保険」などになるから買ったほうがいいと勧めてくる業者がいますがおすすめしません。ベテランの不動産投資家は100%買いません。儲からないからです。

*16 例えば融資期間20年で1億円借りたとして、物件を10年持ち続けたら約半分の5000万円を返済できます！ その上、もし買ったときと同じくらいの値段で売れたら……大きな利益が出ますよね。

それがいくらかは簡単には想像しにくいものです。アパートやマンション1棟となると、さらに物件が少ないので市場のゆがみが大きくなります。

このように、もともとわかりにくいものなので、驚くほど安い価格で売りに出ることがあったり、逆に高い値段で買ってもらえたりします。

また、安くてもいいので急いで売りたい、というケースにも遭遇します。相続でお金が必要な時や、転勤で早く家を売りたい時など、価格を下げてでも早く売ってしまいたい人がいるのです。

こうした大きなゆがみを見つければ、一度の取引で軽く会社員の年収以上の売却益を上げられます。

ただし、こうしたメリットは勉強と経験値が必要なので不安に思う人もいるでしょう。そのために不動産投資は参入障壁がかなり高いわけです。

デメリット1 金額が大きいので失敗した場合のダメージが大きい

不動産投資ではかなり大きな金額が動きます。レバレッジを利かせて、いきなり1億円の融資を受けて不動産を買い、成功できればいいですが、失敗すると大きな損失となってしまいます。

デメリット2 価格がわかりにくい

「市場のゆがみが大きい」というのはメリットになる反面、それに気がつかずにいると逆の立場になり得ます。つまり、不動産の価格がわかりにくいために、8000万円の価値しかない不動産を1億円で買ってしまうこともあるのです。

デメリット3 危ない業者やコンサルタントがいる

また、価格がわかりにくいのをいいことに、相場より異常に高い価格で売ってくる不動産業者もいます。それが高いか安いかわからない買い手は「いい物件ですよ」という口車にまんまと乗ってしまうのです。

適正価値が5000万円くらいの不動産が8000万円で売られているのも見ました。買った人はその瞬間に3000万円の損を抱えこむことになりますが、その人が気づくのはずっと後にその物件を売却しようとする時でしょう。

さらに悪質に人をハメようとする業者やコンサルタントもいます。融資を受ける時に、銀行通帳や源泉徴収の金額を水増しする偽造を勧めたり（勝手に行うケースもあります）、住宅ローンを不動産投資に使うことを勧めたり。そういう不正が銀行に分かると一括返済[*17]を求められる可能性もあり、かなり危険です。

デメリット4 自己資金が必要

いくら融資を受けられるとはいえ、例えば1000万円の不動産を買うのなら300万円ほどの自己資金があったほうがいいでしょう。ただ、自己資金がまったくなくても成功している人もいるのでケースバイケースではあります。

デメリット5 銀行から融資が必要

融資を受けるのは怖いことというイメージがある人もいます。確かに、僕も初めは怖かったです。でも適切に融資を使えば拡大のスピードが上がります。

＊17　実際よく報道されており、自己破産されている方も多数います。甘い話はありません。ご注意を。

MIND ROAD MAP STRATEGY STOCK REAL ESTATE BLOG YouTube

デメリット6 さまざまな知識が必要

ここまで読んで「無理かも……」と思われた方もいるかもしれません。でも、繰り返しますが、これらのデメリットは勉強すれば相当リスクを減らせます。「勉強すること自体がデメリットだ」と思う方は仕方ありませんが……。

不動産投資は知識の勝負と言っても過言ではありません。不動産そのものの知識、リフォームの知識、銀行融資の知識、税金の知識、自分の決算書を作る知識、入居者を募集するためのマーケティングの知識など。

でも安心してください。それぞれの難易度はそこまで高くはありませんし、特別な資格も不要です。むしろ、これまで会社員として培ってきたビジネススキルでかなりカバーできます。[*18]

僕自身も2013年から独学で勉強して、2014年に最初のアパートを買い、その後着々と資産を積み上げることができました。

では、どこから勉強を始めればいいのか？　というと、まずは

＊18　不動産投資家で大成功をおさめられている方の中には、サラリーマンとしてはダメダメでまったく仕事ができなかったけれど、不動産投資はできたという人が何人もいます。資産がなくても学歴がなくても成功者になる可能性があるというのが不動産投資の魅力のひとつです。

○不動産投資のブログを読む
○不動産投資のYouTubeを見る

というのがお勧めです。ブログとYouTubeは手前味噌ですが僕の「もふもふ不動産」を見て頂ければ、一通りの基礎知識を網羅しています。

さらに、「楽待」「健美家」といった不動産投資サイトでも、いろいろな不動産投資家がコラムを書いているので、ぜひ読んでみてください。

そして、勉強しながら実際に不動産の物件を見るのが一番の近道です。これも「楽待」「健美家」などのサイトで検索し、気になるものに問い合わせ、現地に足を運んでみると、だんだん相場がつかめてきます。

参入障壁が高いということは、それだけ儲けるチャンスが多いということ。その壁は勉強量と行動量と、会社員としてのスキルで、ほとんど超えられます。

まとめ

行動力と勉強が伴えば、会社員こそ不動産で稼ぐことはできる

不動産
03

不動産は「投資」ではなく「事業」と意識する

不動産投資という言葉には「投資」の文字が入っていますが、成功している不動産投資家で不動産投資を「投資」と考えている人は一人もいません。実際は投資ではなく「事業」です。どういう物件を買うのか？　どうやってリフォームするのか？　家賃をいくらにするのか？　など、オーナーとしての経営判断が必要です。むしろ投資だと思って「不動産を買うだけでいい」と考えてしまうと、失敗してしまうでしょう。

では、どんな事業かというと、おおまかに次のような流れです。

①相場より安い物件、儲かる物件を買う
②コストパフォーマンスよくリフォームする

③入居者を募集する
④物件を管理する
⑤いつか高く売る

最も大事なのは①の「安い物件を買う」、これに尽きます。いわば、不動産事業の仕入れです。高く買ってしまったら、そこから挽回するのは難しいです。

そして、入居者が決まる確率が上がり、家賃を高くできるようなリフォームをします。でも、何でもかんでもリフォームすれば、どんどん費用がかかってしまいます。自宅をリフォームするのなら好きなようにこだわればいいですが、ビジネスとして不動産投資を行う場合は、効果を見極めながら取捨選択します。

③の入居者を付けるための空室募集でも、家賃をいくらにするのか？　敷金と礼金はいくらにするのか？　など、見極めが必要です。当然、高すぎたら入居者が決まらないですし、安すぎれば収益を得る機会を失ってしまいます。

④の管理は、急な災害や破損など必要が出たらそのつど修繕しつつ、退去が出たら修繕して、また空室が埋まるように募集して……と回転させていきます。

そして、次の物件を買うために再び銀行から融資を受ける時に備えて、不動産賃貸業としてしっかり利益を出し、良い決算書にしておく必要があります。そのためには、適度に利益を出して税金[*19]を払っておく塩梅が大切です。かといって税金を払いすぎても手元から現金が減ってしまうのでバランスが必要です。

このように事業の内容は多岐にわたりますが、一つひとつに特殊な能力は必要ありません。また、それぞれ専門家がいるので、しっかり意見を聞いて相談しながら経営者として判断を下していけばいいのです。

③の入居者を募集するときは賃貸の仲介店さんが詳しいので、家賃をいくらくらいにするか、リフォームをどこまでするか、など空室を埋めるのに必要なアドバイスをもらうことができますし、実際のリフォームをする際にはリフォーム業者さんが細かく相談にのってくれます。④の管理は管理会社さんに

＊19　税金を払いたくなくて過度な節税をして赤字にしてしまう方がいますが、そうすると銀行は融資をしにくくなります。しっかり利益を出して黒字だからこそ、銀行は安心して融資してくれます。

外注できますし、税金・節税については税理士さんが頼りになります。

ただ、オーナーとして判断するためにはやはり知識が必要です。本格的に体系立てて勉強するのには本が一番コスパが良いので、僕は約１００冊の本を読みました。

その中でも『まずはアパート一棟、買いなさい！』（石原博光著、ＳＢクリエイティブ）と、『不動産投資　最強の教科書』（鈴木宏史著、東洋経済新報社）は必読書といえます。

不動産初心者が読むべき本	
まずはアパート一棟、買いなさい！資金300万円から家賃年収1000万円を生み出す極意　石原博光	SB クリエイティブ
地方の中古マンションを購入し、10年で1000万円の家賃収入を得るためのハウツーが書かれている。初心者の基本の1冊。	
初心者から経験者まですべての段階で差がつく！不動産投資最強の教科書　鈴木宏史	東洋経済新報社
Q&A 方式で不動産に関して知りたいことがわかりやすく書かれている。RC マンションを購入して投資をする王道のスタイルが学べる。	

まとめ

会社員だからこそ事業の視点を持って不動産投資ができるはず！

不動産
04

駅近ワンルーム？ 地方アパート？ どちらが儲かる？

不動産事業の入り口であり、収益の最大の肝は「儲かる物件を買うこと」と書きました。では、どんな物件が儲かるか、一緒に考えてみましょう。

人気エリア、駅近、南向き、新築、スーパーが近い、学校が近い……など？

自分で住む物件なら、確かにいいですね！　でも、投資物件については、僕はこうした条件はほとんど気にしていません。では、何を基準に選んでいるか。

○入居者が付いて賃貸経営が問題なくできる

○購入金額に修繕費用を含めた価格が、相場よりも安い

最初に書いた、「家賃収入」と「売却益」が得られるか、です。

都心で駅近のおしゃれな物件でも購入価格が相場より高ければ、地方のアパートに負けてしまいます。購入価格が高ければ家賃を上げざるを得ず、入居

者を募集するのが難しくなります。何よりも、売却益は期待できません。
つまり、儲かる物件とは、市場のゆがみで安くなっている物件です。

不動産の価格は次のような条件で総合的に決まります。

○立地
○土地の広さ
○建物の築年数
○建物の構造（木造／鉄骨／RC＝鉄筋コンクリート）
○建物の面積（のべ床面積）と土地の広さ
○建物の状態（同じ築年数や構造でも状態の良し悪しはさまざまです）
○収益性など（利回り。詳しくは154ページ）
○過去の取引価格や地価公示など

安いかどうかを調べる方法は、同じエリアで似たような条件の物件がどれくらいで売りに出ているのか、実際にいくらくらいで売れているのか、といった取引事例を見ながら比較します。

マンション1室なら、同じマンション内で他の部屋が売りに出ているのを確認すればわかりますし、過去の取引事例をチェックすることもできます（「マンションマーケット、https://mansion-market.com/」など）。

アパートやマンションまるごと1棟となると過去の取引事例も少ないので相場を調べにくいですが、「楽待」「健美家」といった不動産投資サイトでそのエリアの似た物件をコツコツ調査して、相場を把握していきます。

ついでに、入居者が付いて賃貸経営が問題なくできそうかどうかは、同じエリアで同じような条件の物件の家賃や空室率を見ておきます。

○周辺の家賃：スーモの賃貸経営サポート（https://www.suumo-onr.jp/）

○空室率：Homes. 見える賃貸経営（https://toushi.homes.co.jp/owner/）

サイトを見ても、高いか安いか、今はまったくわからないと思います。でも、たくさん見ていくと必ずわかるようになります。

逆に言うと、相場がわからないうちは危ない業者の餌食になってしまう可能性があるので、手を出さないほうが賢明です。

最後に、ケーススタディーとして、僕が買った物件を紹介しておきます。これらは、年間、何千件も物件を見ている中から選りすぐった物件なので、なかなかこの利回りの物件が出てくることはないと思いますが、確実に儲かる物件を融資を使って買い進めています。

まとめ

投資物件は自分が住みたい家ではなく、市場価格より安いものを選ぶ

もふ社長所有物件

年数	場所	種類	構造	築年	利回り	融資
2011年	愛知県	区分	RC	5年	—	フル
2014年	静岡県	アパート	軽鉄	20年	19%	8割
2014年	愛知県	戸建	木造	50年	20%	現金
2015年	愛知県	テナント	重鉄	18年	24%	オーバー
2016年	愛知県	戸建	木造	24年	14%	現金
2017年	静岡県	マンション	RC	16年	11.5%	オーバー
2018年	愛知県	土地	—	—	—	現金
2019年	静岡県	アパート	木造	20年	26.0%	オーバー
2020年	愛知県	マンション	重鉄	13年	9.9%	フルローン
2020年	愛知県	戸建	木造	53年	10%	現金

最初の2011年の物件は自宅で、これをきっかけに不動産に目覚めました。一部売却済の物件もありますが、これまで10戸の物件を手がけてきました。

不動産
05

家賃収入があるからローン返済は楽チン&収入も安定という勘違い

物件を購入する時は、実際にどれくらい手元にお金が残るのかを計算することが重要です。

投資物件を探す際に表面利回りという指標が使われます。例えば1000万円で購入したアパートから入る年間の家賃が150万円だとしたら、利回りは15%です。

これが「表面利回り」です。

しかし、残念ながらこの150

表面利回りの計算法

年間家賃÷物件購入費=表面利回り

例えば物件価格が1000万円で、年間家賃で150万円の収入があった場合
150万円÷1000万円＝0.15
表面利回りは15%となる。

ただし、家賃がまるまる150万円手に入ることはありません！　この150万円から経費など引くと手残りは……？

万円が丸々と手元に残ることはありません。
　では実際に手元に残るお金がいくらになるのか？　下の図を見てください。「キャッシュフロー（CF、手残り）」と言って、こちらが手元に残るお金です。
　不動産投資家は、気になる物件を見つけたら、必ずこの計算をします。具体的には178ページで解説しますが、ここでイメージをつかんでおきましょう。

キャッシュフロー計算法

キャッシュフローとは？

⇩

家賃収入から経費などを
差し引いて手元に残るお金のこと

毎月の家賃 − 銀行返済 − 経費 − 税金 ＝ キャッシュフロー

毎月の家賃

気になる物件を扱っている不動産屋さんから「レントロール」という賃貸借一覧表を取り寄せて確認します。その表に記載されている家賃[*20]が高すぎたり安すぎたりしないか、「スーモの賃貸経営サポート」で付近の物件と比較しましょう。

銀行への返済額

これは個々の融資条件によって変わります。最初はざっくり、次の数字をローンシミュレーター（172ページ）に入れて返済額を概算します。

○借り入れの金額（物件価格満額を入れます。これをフルローンといいます）
○金利（2〜2・5%。2%以下は低金利、3%以上は高めとされています）
○融資期間（物件の耐用年数ー築年数。詳しくは170ページ）

不動産を買う時は、不動産の価格のほかに、仲介手数料や登記費用、不動産取得税などがかかってきます。大まかに、物件価格の7%くらいといわれます。

1000万円の物件なら70万円くらいとみておきます。

*20　相場の家賃より高く家賃保証したりして利回りを上げて見せている物件もまれにあります。騙されないように相場をしっかりチェックしましょう。

● 経費

不動産を保有する間、月々かかる経費は管理費用[*21]（家賃の5〜7%が相場）をはじめ、電気代、水道代など細々とあります。すべて不動産屋さんに聞けば教えてくれますが、この段階の収益計算では仮の数字でもOKです。

● 固定資産税

不動産を持っていると、毎年1回、固定資産税を払います。構造や築年数や大きさによって異なりますが、1000万円のアパートなら5〜10万円、5000万円のマンションなら30〜50万円といったところが目安です。これも正確に知りたければ不動産屋さんが教えてくれます。

固定資産税が12万円なら、1月あたり1万円というように計算に入れます。

＊21 管理会社に依頼せずに自分で管理すれば管理費用はかかりません。時間がないサラリーマンの方にはお勧めしません。僕も自主管理はしたことないです。

まとめ

「家賃収入」だけで夢を見ない。キャッシュフローで現実を見る

不動産 06

365日物件を見ている僕が教える、条件に合う不動産を探す方法

「不動産を安く買うためにはどうしたらよいですか?」とよく聞かれます。

これには、「ありとあらゆる方法で物件を探しまくる」としか答えられません。

ネットを見て探すのはもちろん、不動産屋さんからのメールマガジンや、直接紹介してもらうこともあります。

毎日膨大な物件を見て、その中からダイヤの原石を探すようなイメージです。

まずは、これまでも何度か触れてきた次の不動産投資サイトがおすすめです。

○楽待（アクセス数トップクラスの収益不動産の専門サイト）
○健美家（楽待に次ぐメジャーなサイト。コラムの内容が特に勉強になる）
○アットホーム（いろいろな不動産屋さんが情報を載せ、たまにお宝がある）

これらに掲載されている情報も大部分は価格が高くて儲かりません。だから、164ページの「1次判断」を参考に、どんどん数を見ていきましょう。

こうして日々膨大な情報に接していると自然に相場勘が磨かれてくるので、なかなかダイヤの原石に遭遇できなくても決して無駄にはなりません。

僕は会社員時代、こうした物件情報を昼休みに検索していました。効率よく原石を探すために、毎日新着で上がってくる物件をチェックして、安いか高いかを判断していきました。

安いと思う物件はブックマークに入れてチェック。人気の物件はすぐに売れてしまうので物件情報がすぐに消えます。ブックマークした物件情報がすぐに消えたら、「やっぱり安かったんだ!」と答え合わせができます。

こうして必ず、その物件が安いのか高いのか、自分はいくらくらいなら買いたいのか、を判断してみて、目[*22]を養っていくことが大切です。

このとき、構造は投資のスタイルに関係するので、方針を決めておきましょう。どの方法でも成功している人はいるし、失敗することもありますが、僕個

＊22 どうやって養うのか? 聞かれることがありますが、これはよく情報を見るしかありません。八百屋で白菜が700円で高いなと思ったり、大根が50円で安いなと思ったりするのと似ています。毎日不動産情報を見ていくことで、安いか高いか判断がつくようになります。判断がつかないのなら買わないほうが良いです。

人の見解として、[*23]それぞれの特徴を述べておきます。

戸建

土地の価値が高いので融資が付きやすく、戸建の賃貸は少ないために需要が多く入居者が付きやすい、というメリットがあります。探せば100万円くらいから売っているのと、戸建てに住みたい人は多いので、売却もしやすいです。

大きな額の融資を受けるのが不安な人はまず戸建から買うのがおすすめです。

ただ、アパートやマンション1棟を買って管理する手間と、戸建1軒の手間はさほど変わりありません。その割に家賃収入が増えにくいのが難点です。

僕自身、過去に3戸の戸建てを買ったことがあります。1戸目は築50年の空き家を190万円で購入し、約100万円かけてリフォームして5万円で貸し出しました。リフォーム後の利回りで言うと20％くらいでしたが、手間の割には収益が低く、思ったほど儲からなかったな、という印象でした。

中古1棟アパート（主に木造や軽量鉄骨）

＊23　僕は雑食なので、戸建て、アパート、RCマンション、テナントビル再生系など、新築以外はすべて経験しています。ですが、不動産投資家の方々はどれかの手法に特化していることが多いです。自分に合ったスタイルを探してみましょう。

僕は中古1棟アパートを中心に投資してきて、資産を急拡大できました。戸建に次いで価格が安く、1000万円くらいでも購入できます。戸建と違って入居者の世帯数が多いので、家賃収入が多く得られます。しかも、マンションよりも造りが簡単なので維持費や修繕費が安くすみます。

ただし、耐用年数が短いので、その年数を超えた期間で融資を受けられないと、月々の手残りが少なくなる場合があります。

中古1棟マンション（主にRC＝鉄筋コンクリート）

規模が大きいので利益も大きく、不動産投資の王道になりつつあります。銀行評価も高いので融資が受けやすいですが、人気があるので利回りは低めです。また、購入価格も維持費も高く、1棟アパートに比べて手残りは少ないです。

僕は静岡県に築16年のマンションを購入しました。購入時は4割空室でしたが、頑張って2カ月で満室にできました。僕が持つ物件の中では新しいのでほとんど手がかからず、放置プレイで安定した収益を出してくれています。

再生系

廃屋を買って最安でリフォームして再生させることで、高利回り物件に仕上げるという手法です。難易度が高く、色々なトラブルが発生するリスクもあるのですが、再生できた時の利益は大きくなります。

新築（戸建て、アパート、マンション）

土地を買って、自分で新築のアパートやマンションを建てる方法です。多くの不動産投資家が最終的にはここに行き着いています。自分がデベロッパーになることで、より大きな利益を取れるチャンスが増すからです。ただ、設計者を雇って、建築会社に依頼して……とすべての専門知識と大きな資金が必要なので、かなりハードルは高い投資法となります。僕はまだ参入できていません。

区分マンション（マンションの1室。特にワンルームマンション）

マンションの1室を買って貸し出す方法です。市場よりかなり安い物件が見つかったら買ってもいいと思いますが、そういう物件はほとんどありません。

買ったとしても、1室だけなので規模拡大が難しい面もあります。銀行評価も伸びないので、新たに融資を受けて次の物件を買い進めるのが難しいです。

ほとんどの不動産投資家は、区分マンションには手を出しません。

以上が構造についての概要ですが、稼げるかどうかは、あくまで個々の物件次第です。「ダイヤの原石かも！」と思う物件を見つけたら、次のページの視点で判断してみてください。僕も毎日、探しています。一緒に頑張りましょう！

物件構造別の成功率リスト

	木造	鉄骨造	RC
価格	安い	普通	高い
耐用年数	22年	34年	47年
維持費	安い	普通	高い
利回り	高い	普通	低い

僕は区分マンション以外はどれも投資対象になると考えています。

不動産購入判断のフロー

1次判断〜市場より割安か？		
項目	内容	補足
表面利回り	利回りが8%以下など低すぎるのはキャッシュフローが出ないので除外。立地が最高ならば別途検討	家賃収入（インカムゲイン）を重視しているため。値上がり（キャピタルゲイン）を期待するなら購入もあり。
価格／延床面積	表面利回りが掲載されていない物件は延床1m²あたりの価格を算出。10万円以下なら利回りが20%前後のお宝物件の可能性あり	利回りが載っていない「アットホーム」などで活用。良さそうならその一帯の家賃を調べ、物件の部屋数と間取りから算出。
構造／築年／立地	利回り、構造、築年、立地から、その物件がその地域の市場価格より割安か判断	ここで0次判断。時間は10秒~1分くらいのイメージ。
物件詳細	間取り、駐車場台数、3点ユニット（バス・トイレ・洗面台が一緒）かなど確認。下水に接続されている、井戸水でないことも確認	3点ユニットだからと言ってNGではなく、市場価格に対して十分に安い価格で、家賃を下げて入居者が付けられそうなら購入も検討する。
家賃引き渡し	家賃がその地域の平均価格より高すぎないか検討。この段階でわからない場合はレントロール（賃貸借一覧表）などをもらってから行ってもOK	周辺家賃の調査は、「スーモ」の賃貸経営サポートが便利（https://www.suumo-onr.jp/）

2次判断〜融資条件や返済など可能か？		
項目	内容	補足
積算価格※	暗算でできるくらいのざっくりレベルで、積算価格を算出。物件価格と比較。物件価格よりも積算が出ていない場合は、融資をどうするのか、保有資産全体に影響を与えないかなど検討する	「この辺の土地の値段はざっくり1m²3万円で、面積150m²だから、土地価格は450万円くらい。鉄骨で築30年だから、耐用年数の残りは10%くらい。延床100m²で再調達価格※15万円で1500万円の10%で建物は150万円…足したら600万円くらいか」というレベルでざっくりでよい
融資条件	その物件の融資条件を考える。物件の耐用年数内の融資とすごく良い物件だったら耐用年数を超えた融資の2パターンで月々の返済額を算出する	築20年RCなら、耐用年数は47年だから融資期間は27年。これに借りる金融機関の予想金利を入れて算出。耐用年数を超えても欲しいお宝物件は、公庫10年1%とか、ノンバンク15年3.9%とか検討
返済比率	返済比率＝返済額÷家賃収入を算出。50%以下かどうかを目安に判断	現金に余裕があり市場よりすごく安い物件だったら、返済比率を気にせず10年で借入したりします。利回り20%を10年で借りていますが、返済比率は70%弱です

※精算価格
土地と建物のそれぞれについて現状の価値を査定して合算し、それに修正を加えた価格のこと。土地の現在価格（「公示地価または路線価」×「土地面積」）＋建物の現在価格＝積算価格

※再調達価格
金融機関などが使う、1㎡の建物を作るのに必要な金額。木造15万円、鉄骨18万円、RC20万円が一般的。100㎡の木造の建物を建てるのに、15万円×100㎡＝1500万円と、簡易的に見積もることができる（実際はもっと費用がかかる）

まとめ

毎日20件の物件確認で相場感を身に付け、自分に合う不動産を探す

3次判断〜リーシング※可能か調査		
項目	内容	補足
空室率	その地域の空室率や、需要の有無を見える賃貸経営で調査	Homes. 見える賃貸経営(https://toushi.homes.co.jp/owner/)などを参照
人口増加率	Wikipediaなどで国勢調査の人口推移をみる	極端に人口が減り続けている地域は、今後空き室を埋めるのがかなり厳しくなることを織り込んで購入判断をする
物件エリア調査	Google Mapなどで、物件所在地がどういう地域か調べる。工場があるか、大学があるか、スーパーがあるかなと	その物件に住みたいと思う人がいるかどうかイメージする
判断物件周辺の不動産屋さん調査	不動産屋さんに電話をして、購入検討物件にどういう条件で入居者さんを付けられそうか聞く。家賃、敷金、礼金、広告を打ってくれるかなど	空き室を埋める自信があれば聞かない場合もある。逆に自信がない場合は、何社か聞く(そのエリアの特性がわかるまで聞く)。不動産屋さんの迷惑になったり、非公開物件情報については聞かないように注意が必要

物件見学〜実際に行ってリフォーム費用や瑕疵《かし》を確認		
項目	内容	補足
外観	外壁塗装が必要か、建物にクラックがないか、地盤沈下していないか、屋根の状態など目視チェック	自信がない場合は、専門家に見てもらう
室内	リフォームの必要な個所をチェック。特に、雨漏りを見るために天井と天袋を見る。可能なら、屋根裏も見てかび臭くないかなどチェック。床下を見てシロアリがいないか、湿気がないかなどチェック	自信がない場合は、専門家に見てもらう。リフォーム費用の概算は、不動産屋さんに見積もってもらうことも可能
周辺物件	実際に周辺の物件を見て、どういう物件があるかチェックして入居者が付けられそうか確認。どれくらい周辺の物件であるかなどもチェック	その地域の需要に不安がある場合は、1-2時間くらい歩き回って周辺の需要やどういう地域か実際に見て調査している

不動産 07

不動産投資の要！ 銀行融資の相談は、上司へのプレゼンと思えばいい

融資を受けずに不動産投資をすることは可能です。でもレバレッジをかけて資産を拡大したいのであれば、融資を受けることは大切です。

「でも、銀行は簡単にお金を貸さないって言うし……」と不安かもしれませんが、僕自身、不動産投資家として5つの銀行から1億円以上の融資を受けています。その時に大きく役立ったのは、やはり社会人経験と人間力です。

社外への営業や、社内でのプレゼン、上司に承認を得る時など、ＯＫをもらえるようにストーリーを組み立てて、裏付けデータを集めて、資料を作りますよね？　そして、熱意や誠意を伝えようとしませんか？　銀行融資も同じです。

具体的には、次の順で進めていきます。

①どの銀行から融資を受けるかを決めて、アポイントを取る

②何に使うのか（物件概要）、きちんと返済できるのか（事業計画）を示す

どの銀行から融資を受けるかを決める際には次のことを考慮します。

○金利の低さ（メガバンク＜地方銀行＜信金・信組＜ノンバンクの順に高い）
○自分の住居が銀行・支店の営業エリア内に入っているか
○買いたい物件が銀行・支店の営業エリア内に入っているか

購入する物件を扱う不動産屋さんや、不動産投資家の先輩に紹介してもらうのも有効です。

あとの流れは普段の仕事と同じです。「初めまして。○○に住んでいる△△と申します。収益不動産の融資について相談させていただきたいのですが、よろしくお願い致します」と電話をかければ、担当者[*24]につないでくれます。

訪問する時には、次の資料を用意します。

○物件概要書（住所、価格、土地の面積、延床面積、構造、築年数等の情報）
○事業計画（相場との比較、入居者の見通し、近隣物件との比較、収益計算）
○レントロール（現状の賃貸借一覧表。不動産屋さんから入手する）

＊24　担当者さんに物件の概要、自分の属性、資産などまず簡単に伝え、融資の可能性があるのかどうか聞いてみることもおすすめです。可能性がないのに実際に銀行に行くのは大変なので、電話で判断できるのであれば事前にしたほうが良いです。

○物件の間取り図や写真、固定資産税評価証明書、謄本など（できれば）
○自己紹介資料（僕のサンプル②③を見てください）
○決算書や確定申告の資料、保有物件と資産と借金の一覧

事業計画は、物件判断の根拠にしたデータ（164ページ）と、手残りの収益を計算した数字（154、174ページ）を簡単にまとめたものです。これで「市場より安い物件で、入居者も付けられ、ライバルより優位性があり、収益性も問題なく、融資を確実に返済できます。だから御行から融資をお願いします」というストーリーを伝えます。自己紹介資料は必須というわけではありませんが、僕は必ず作成しています。どんな人かわからない人に大金を融資をするのは、普通に考えて難しいでしょう。僕の経歴やなぜ不動産賃貸業を行いたいのか？　事業として将来のビジョンは？　など、経営者としての考えを銀行の担当者に詳しく説明して、僕自身をよく理解してもらうことで「この人に融資をしても大丈夫だろう」と思ってもらえるように説明しています。そうすることで銀[*25]行から融資を受けやすくなっていると感じています。

＊25　銀行から融資を受けるために必要なのは、定量面と定性面が大切といわれています。定量面とは、定量的に表される保有資産や年収や物件の担保価値や物件の収益性などです。一方で定性面は主に経営者としての人間性などを評価されます。銀行から融資を受けるためには定量面も定性面もどちらも重要です。

まとめ

銀行へのプレゼンは「定量(収益性)」と「定性(人間性)」の両方を絶対に伝える

もふ社長のリアル「融資資料」を参考にする

①

表紙
表紙には名前(会社にしているなら社名も)

②
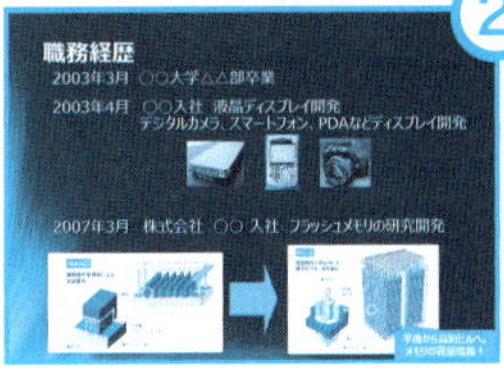

職務経歴
会社員としての職務経歴を冒頭に入れ、融資をしてもらう自分をまず知ってもらう

③
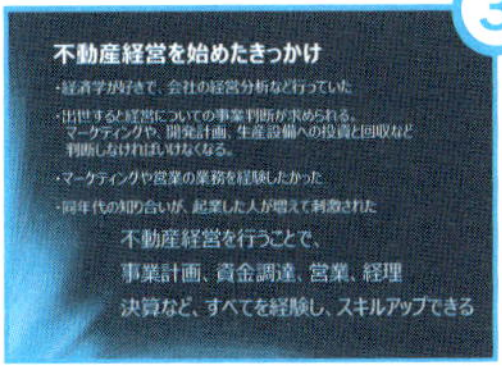

不動産経営をはじめたわけ
あくまでも「経営」スタンスをアピール。「投資」に対して銀行はお金を貸してくれない

④
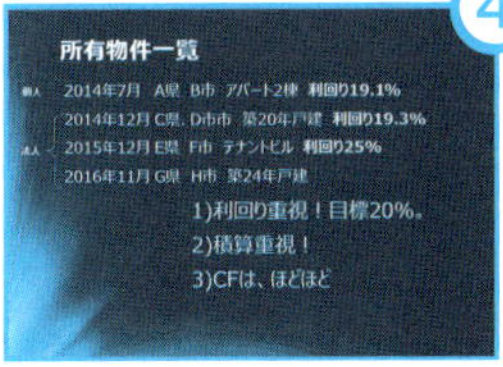

所有物件一覧
所有している物件のリストに加え、どのような視点で物件を選んでいるかを端的に記す

⑤
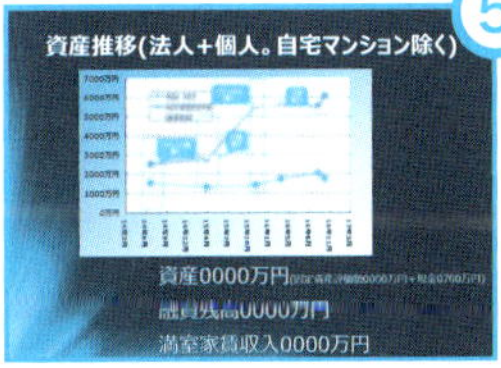

資産推移
経営として結果が出せているかを伝える

⑥

経営状況まとめ
現金を保有していること、また経営に不安がないことを伝える

ほかにも、所有している物件の詳細も掲載。

購入時からどのように入居者を増やすために経営努力をしたことがわかるリフォーム写真なども添えている。

MIND
ROAD MAP
STRATEGY
STOCK
REAL ESTATE
BLOG
YouTube

不動産 08

いつまで借金を背負うことになる？ 融資の期間の決め方

「融資の期間はなるべく短くして、さっさと返済してしまいたい」と思いがちですが、それが正解とは限りません。融資期間の設定は月々のキャッシュフローに大きく影響します。１５４ページの稼ぐ仕組みを思い出してください。融資期間が長いほうが月々の返済額が少なくてすむので、手元に残るお金が多くなります。

ただし、返済期間が長いということは、融資の返済を先送りして利益を先に取っているだけという見方もできます。また、利息も積み上がっていきます。「返済金額＝元金＋利息」も念頭におき、経営者として判断すべきところです。

ちなみに、銀行への返済方法は2通りあります。

○毎月同じ金額を返済する（元利均等）
○毎月同じ元金を返済する（元金均等）

個人で借りる場合は元利均等が一般的です。法人で借りる場合は、元金均等になるケースもありますが、まずは元利均等で考えればよいでしょう。

さて、融資期間に話を戻すと、銀行側も期間を設定してきます。

その時、判断材料になるのは物件の耐用年数です。耐用年数とは「何年間で価値が0円になるか」を計算するときの基準です（減価償却の期間）。

不動産の場合は構造によって決まっており、その耐用年数から築年数の引き算が一般的な銀行では最大の融資期間となります（耐用年数以上に融資を出す銀行もあります）。それぞれの耐用年数は一覧表を見てください。

例えば、木造で新築なら、耐用年数[*26]マックスの22年間の融資が一般的です。木造で築10年なら、残りの耐用年数は12年となり、融資期間を12年とする銀行が多いです。

＊26 劣化の対策がとられている証となる劣化対策等級というのを取ると、新築木造で30年間融資する銀行も増えてきました。

RCの築10年の場合は、耐用年数は37年残っています。ただし、最大の融資期間は30年が一般的なので、30年間の融資になります。

同じ築10年でも、木造なら12年間、RCなら30年間と融資期間が大きく変わり、その期間次第で返済額が変わるので、毎月の手残りが多くなります。そのためRCが投資家から人気が高く、価格が下がりにくいというわけです。

このように、銀行から何年間の融資を受けられるか、そのうちの何年で返済するか、収益計算をしながら判断していきます。

返済額は、ローンシミュレーターのアプリで計算できます。僕は「どこでもローン計算」というアプリを使っています。

復習になりますが、入れる数字は、次のものです。

○借り入れの金額
○金利
○融資期間

ここでは、このうちの融資期間について説明してきました。もうひとつ、借り入れの金額をどうするか。これについては180ページで解説します。

建物の法定耐用年数

構造	年数
木造	22年
鉄骨造	34年
RC	47年

返済金額を計算してみる

条件

① 借り入れの金銭は1000万円

② 金利2％

③ 融資期間30年（耐用年数内）

この場合

ボーナス返済なし

毎月　約3.7000円を返済

返済総額　13,305,960円

利息は305,960円

まとめ

融資の期間を考える時は、キャッシュフローと金利のバランスをチェック

不動産
09

不動産の成功条件は、手元に残るお金を生み出す物件を買うことに尽きる

不動産投資の王道の戦略は、手元にお金が残る物件、つまり収益計算で確実に手残りのある物件を買い進めることです。

例えば２００万円を頭金にして融資を受け、１０００万円のアパートを買って、手元に毎年30万円残るとします。

この30万円と、勤めている会社の給料から35万円貯金したとしたら、合計で年間65万円貯まります。３年後には約２００万円になります。

そうなったら、その２００万円を頭金にして同じように１０００万円のアパートを買う。すると、さらに手残りが30万円増えて、年間60万円になります。

こうして不動産事業だけで年間60万円の収益があるところに、給料から30万円の貯金を加えると、年間90万円貯めることができます。今度は2年で１８０

万円も貯められるので、これ[*27]をもとにさらにアパートを買うことができます。

このように、できるだけ元手の資金を減らさずに、手残りの収益が出る物件を買い進めていくと、毎月の収入がどんどん増えていき、資産もどんどん増えていきます。3棟目、4棟目と進むとさらに加速して現金がたまっていくので、さらに不動産を買えるペースも早くなりますし、価格の高い物件も買えるようになってきます。

それと同時に、融資の返済も進んでいくのが不動産投資の良いところです。

実際には、思いがけず退去者が出たり、予定外のリフォームがあったりして、そんなに簡単にはいかないものなので、物件を買う際にはそういうリスクも織り込んで、できる限り緻密に収益計算をしておくことが肝心です。

収益を具体的に計算してみる

154ページの収益計算では、物件探しの入り口で、稼げるかどうかの可能性をざっと出しました。ここでは、実際に買うかどうかを判断するために、

*27　実際はいろいろとトラブルなどで出費がかさむこともあり、こんな簡単に増えないですが、規模を拡大していくイメージとして参考にしてください。融資でレバレッジを利かせつつ複利で増やせる不動産投資の強みです。

もっと細かく計算してみましょう。

不動産投資の物件サイトで、次のような不動産情報を見たとします。

「価格9000万円、構造は鉄骨造、利回り12%、築年数10年」


利回り12%なので、毎月の家賃収入は95・5万円です。レントロールを見て、さらに周辺家賃を調べて、その家賃収入が妥当かどうか再確認します。

そして、ここが肝心なのですが、入居者は常に満室とは限りません。

○満室時（家賃収入95・5万円）
○入居率90%（家賃収入85・95万円）
○入居率80%（家賃収入76・4万円）
必ず3パータンで計算しておきましょう。

返済額は、次の数字でシミュレーションすると39万3732円となります。
○借り入れの金額：9000万円（物件価格満額）
○金利：2%

○期間：24年間（鉄骨の耐用年数34年－築年数10年）

ここで、返済比率を計算してみます。

返済比率＝返済額（39万3732円）÷家賃（95・5万円）＝41・2％

返済比率はだいたい50％以下が目安とされているので、この場合は合格です。

購入時にかかる仲介手数料なども考慮します（合計で物件価格の7％程度）。

次に毎月かかる経費です。すべて不動産屋さんに問い合わせればわかります。

○管理費：家賃の5〜7％（物件管理や入居者対応を任せる管理会社に払う）

○電気・水道費、浄化槽や受水槽の維持費、ケーブルテレビの費用など：年1回、または突発的にかかる経費もあるので、それも計算に入れます。

○火災保険：不動産屋さんが提携している保険会社から見積もりをもらう。

○固定資産税：不動産屋さんに確認する。

○広告費：家賃1〜2か月分（空室の場合に発生）

キャッシュフローを具体的に計算してみよう

	収益計算	説明
価格	9000万円	物件価格を入力
諸経費	630万円	諸経費。物件価格の7%で算出
満室収入	95.5万円	満室の家賃を入力
現状収入	70.0万円	現状の家賃を入力
管理費	3.5万円	管理費を入力。相場は家賃の5%
光熱費	2.0万円	電気代、水道代、浄化水槽代。エレベーターあるなら、保守費用も
その他費用	2.0万円	ケーブルテレビ、インターネットなど、火災保険、地震保険など必要な経費をすべて確認する
固定資産税	5.0万円	年間の固定資産税を12で割って1カ月分を計上する
ローン	40.0万円	融資の返済を入力する
満室CF	43.0万円	税引前の満室キャッシュフロー
現状CF	17.5万円	税引前の現状キャッシュフロー
満室CF比率	5.7%	税引前のキャッシュフローが3%あれば合格

満室のキャッシュフロー ＝

満室収入－（管理費＋光熱費＋その他費用＋固定資産税＋ローン）

95.5万円　3.5万　2.0万　2.0万　5.0万　40.0万

※入居率が90%、80%だった場合の収入を入れて、その場合のキャッシュフローも必ずチェックする

○修繕費用：家賃1～2か月分（退去者が出た時か、災害時などに発生時）

これらを入れて、収益を計算してみたのが次の図です。

手元に残る収益の目安は、3％[*28]あればよいとされています。

例に出した物件の場合は入居率73％で家賃70万円の時でも手残り17・5万円なので、ここから修繕費や広告費を差し引いて所得税も支払ったものが実際の手残りです。これならローンも返済できて妥当な儲けも出て、物件を買い進めて資産を拡大できる、と判断できるというわけです。

というか、こんな物件があったら不動産投資家は殺到するでしょう。実際に物件を調べてみるとわかりますが、これほど条件のいい物件が売られていることは滅多にありません。もし見つけたら、それこそ市場のゆがみです。

逆に、ここまで良い条件じゃなくても稼げるチャンスはありますので、緻密に収益計算をして「勝てる！」と思ったら、検討してみてください。

＊28　不動産価格が高騰している2017年頃は収益の目安2％でもよい物件と言われている時期がありました。しかし銀行返済を引き延ばしただけで、手残りが増えて見えてしまうので、本当に経営が成り立つのか？　利益が出るのか？　ということをしっかり検討し、目先の手残りに惑わされずに判断することが大切です。

まとめ

どれくらい手残りがあるか、空室が出ても耐えられるのか!?　しっかり計算しよう！

不動産 10

お金があっても融資を使うのには訳がある

銀行融資の金利は、銀行によってだけでなく、物件や借りる人の状況によっても変わります。イメージとして、1%以下なら超低金利、2%以下は低金利、3%以下は普通、3%以上は高めの金利、です。

どれくらいの額を融資してくれるかは、銀行や、自分が勤めている会社の規模、保有している資産などにもよりますが、基本パターンは次の通りです。

○物件価格＋諸経費の融資＝オーバーローン
○物件価格満額の融資＝フルローン
○物件価格未満の融資（頭金＋諸経費が必要）

2%程度の金利なら、たいていの投資家は、できるだけ多くの金額を銀行から借りようとするでしょう。たとえ、融資*29を受けずに物件を買える資産があったとしても、です。

自己資金を投入して物件を買い、手元に現金がなくなると、万一、何かトラブルがあった時に困ってしまいます。買ったアパートで雨漏りが見つかったら急に修繕費を用意しなければなりません。プライベートでも、交通事故などに見舞われて、いつ予定外の出費が発生するかもしれません。

さらに怖いのは、次の物件を買いたくなった時に、手元の現金が少なすぎると銀行から融資を受けられない場合があることです。手元に現金が少ないと一般的には返済できない可能性が高まると判断されてしまいます。お金がない時に銀行はお金を貸してくれません。「頭金を入れないと危険」と言われますが、頭金を入れすぎて手元に現金がなくなるほうが危険性は高いです。

*29 僕は設備資金の目的で80万円の融資とかも受けていたりします。少額でも銀行から融資を受けて融資実績を作ることで、大きな金額を借りやすくなります。

まとめ

不動産投資は現金が大切。次の物件を買いたいなら現金を温存

不動産 11

不動産投資は、購入してからが本当のスタート

ここまで、不動産物件の買い方について、イメージできたでしょうか？購入後は「リフォーム」「入居者募集」「管理」と進むわけですが、具体的にどんな感じなのか、僕が不動産投資家デビューを飾った最初の物件を例に説明します。

物件は、静岡県の軽量鉄骨アパート2棟で12部屋（うち2部屋空室）、築20年で、価格は３５００万円でした。

大手ハウスメーカーが建てて管理している物件で、外壁塗装が終わったばかりでピカピカでした。つまり、管理会社は最初から決まっていて、「リフォーム」「入居者募集」「管理」まで、すべてそこに外注することも可能でした。

リフォーム費用は削れるか？

その管理会社は大手ということもあり、リフォーム代がやたらと高く、相場の1・5〜2倍くらいでした。そのため、リフォーム内容を厳選して入居者さんの毎日の生活に関わるところだけに絞ることにしました。

管理会社はいろいろ提案してきます。「音が鳴らない引き戸にしましょう」「玄関を作って、部屋の中が見えないようにしましょう」「浴室乾燥機を入れましょう」「独立洗面台を作りましょう」……ぜんぶ[*30]見送りました。

それより「自分が入居者なら何が嬉しいだろう」と考えて、シャワートイレ、サーモスタットのシャワー、簡易クローゼット、モニターフォンを付けました。あとは基本となる床のクッションフロアと壁紙をきれいにしただけ。それでも家賃が安いほうが嬉しいだろう、と僕は考えたのです（それは当たりでした！）。

入居者募集の努力は空回り

空室対策も管理会社に一任できましたが、自分でもできることはないかと思

*30 玄関を作ることで「家賃がどれくらい上げられるのか？」「空室がどれくらい早く埋まるのか？」というのを自分で考えることが大切です。僕はそれで家賃を上げることができず、入居が早まるという競争力もないと判断したので、自己責任で却下しました。削りすぎると空室が埋まらないので、〝何を辞めて何をするのか〟を判断することは重要です。

い、Googleに入居者募集の広告を出したこともありました。見た人がクリックすると物件ページに飛ぶ、という仕組みです。1クリックごとに50円ほど取られるものの、実際の問い合わせは0件と、効果はまったくありませんでした。

しかも、しばらくしたら周りに新築アパートが乱立し始めました（これはショックでした！）。僕の築20年のアパートと新築アパートでは、まるで勝負になりません。しかも新築なのに、家賃は僕の物件と5000円しか変わらない。

ということは僕の物件をリフォームしまくって新築同様にしても、最大で5000円しか家賃が上がらないのです。これは何とかせねば、と戦略を練りました。

入居者のいる部屋をリフォームする作戦

僕は、空室を埋める努力だけでなく、既存の入居者が出ていかないように頑張ろうと考えました。空室率を減らすためには、入る率だけでなく、出る率を下げる必要があります（当たり前ですが）。

実は、アパート所有後にかなり頻繁に退去者が出ていました。しかも、長年住んでいた方が2世帯退去し、それだけでリフォーム費用や修繕費用が130

万円ほどかかりました。正直、想像以上の出費です！

その経験から、どうせ退去後にリフォームするなら同じことを今のうちにして喜んでもらい、そのまま住み続けてもらおう、という作戦に出たのです。

管理会社さんにお願いし、長年住んでくれている入居者さんに欲しいものを聞いてもらいました。そして1年に1点ずつ、プレゼントしていきました。

エアコン、シャワートイレ、サーモスタットのシャワーなどです。また、プロパンガス会社に交渉して、お風呂を無料で追い焚き可能にしてもらいました。

一番効果的だったのが、インターネット無料を導入したことです。管理会社は「田舎なので、そんなのを喜ぶ人はいない」と言いましたが、逆に、その地域では僕のところしかネット無料の物件がなかったので、みるみるうちに入居者がつき、退去者も減りました。おかげで購入1年後には満室がキープできるようになり、新築物件にも負けずに何とか耐え抜いたのでした。

日々の管理は外注できる

このように、購入してからもオーナーとして判断すべきことはありますが、実際に動いてくれるのは管理会社をはじめとする協力業者の皆さんです。たとえるなら、僕は飛行機のパイロットです。普段は自動操縦で計器などをチェックして、必要な時だけ対応する。しかも不動産事業の場合は現地に足を運ばず遠隔操作で対応できます。だから、会社員を続けながらスムーズにできました。[*31]

● 3年後に1500万円の売却益

思い入れの強い1棟目のアパートですが、3年後に売却しました。購入して5年未満は「短期譲渡」となり、税金が39%もかかってしまうのですが……。

それでも、新築物件の影響で思った以上の家賃下落が見込まれたこと、全体的な不動産価格下落の予兆を感じたこと、何より、新たな物件を買うために銀行融資を受ける時に、このアパートの担保評価が全く出ず、僕自身の信用棄損につながりかねない、と判断したからです。

不動産を売却する方法はいろいろですが、一括査定サイトが早道です。

○イエウール（1300社以上が一括で査定するので、相場がわかります）
○すまいValue（超大手の不動産業者6社が査定し、売却活動もしてくれる）

＊31 現地まで車で3時間くらいかかる場所でしたが、管理会社さんの協力もあり問題なく運営できました。買った当初は勉強のために退去後の空室確認や、リフォーム後の仕上がりの確認などに現地に行っていました。2年目からは、ほぼ現地に行くことが無くなりました。

5600万円で売りに出したのですが、1年ほど売れず、5300万円に価格を下げたら購入希望の法人が現れて、その価格で購入してくれました。短期で売ろうとすると価格を下げざるを得ないので、ある程度長期スパンで売りに出したのが、ほぼ希望の価格で売ることができた要因です。

僕はこのアパートを3500万円で買い、[*32]5300万円で売りました。融資を返し、月々手残り17万円の収益を得ながら、リフォーム費用など経費を引いても1500万円ほどの売却益が出ています。なぜ、高く売れたと思いますか？もともと市場の価格より安く買っていたからです。つまり、市場のゆがみを見つけることができたのです。それが3年の間に相場が値上がりし、適正とされる価格で売ることができたわけです。このゆがみを見つけるまでに、のべ約5000軒の物件情報に触れ、20軒ほど損益計算をして、10軒ほど現地に行きました。皆さんもさっそくこれから、1件目の情報を検索してみてください！

＊32 もし2000万円でしか売れなかったら、マイナスの収益になってしまいます。不動産投資は物件を売却して初めて利益が確定します。予想は難しいですが、買った物件が将来いくらで売れるのか、という見極めは大切です。

まとめ

管理会社任せは×。
満室にする工夫もリフォームもまず自分で考える

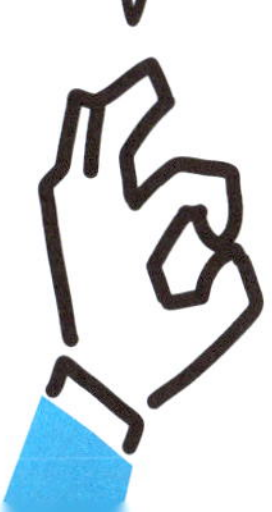

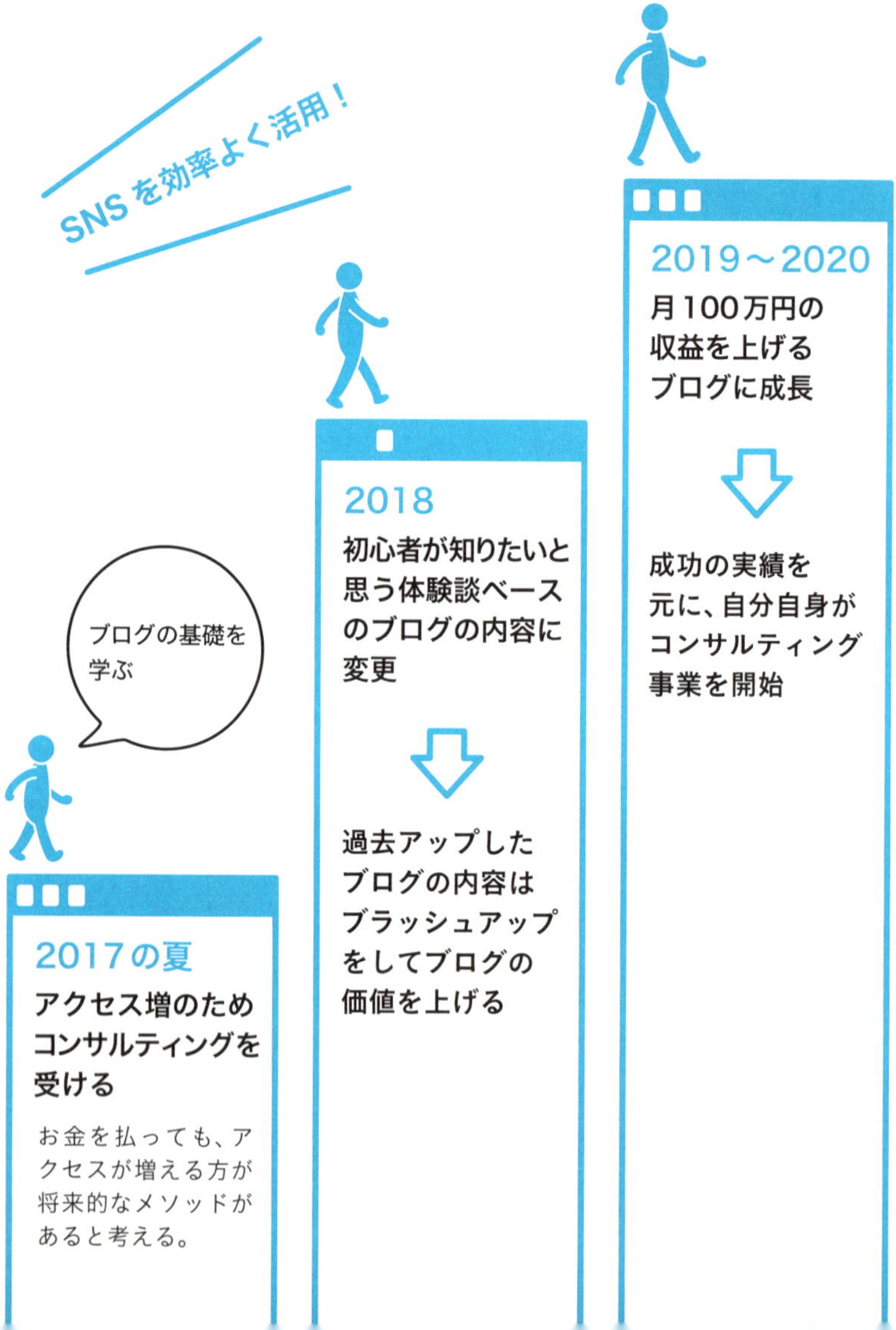
SNSを効率よく活用！
2019～2020
月100万円の
収益を上げる
ブログに成長
成功の実績を
元に、自分自身が
コンサルティング
事業を開始
2018
初心者が知りたいと
思う体験談ベース
のブログの内容に
変更
過去アップした
ブログの内容は
ブラッシュアップ
をしてブログの
価値を上げる
ブログの基礎を
学ぶ
2017の夏
アクセス増のため
コンサルティングを
受ける
お金を払っても、ア
クセスが増える方が
将来的なメソッドが
あると考える。

ブログ投資のロードマップ

月100万円稼ぐブログの4つのポイント

1. 自分が体験したことや失敗談を初心者に向けてわかりやすく書いた内容
2. 自分が人に語ることができるほど「専門的なことに特化したブログ」に
3. ブログのテーマにあった読者層を集める工夫
4. Google 検索からの流入を増やす仕組み造り

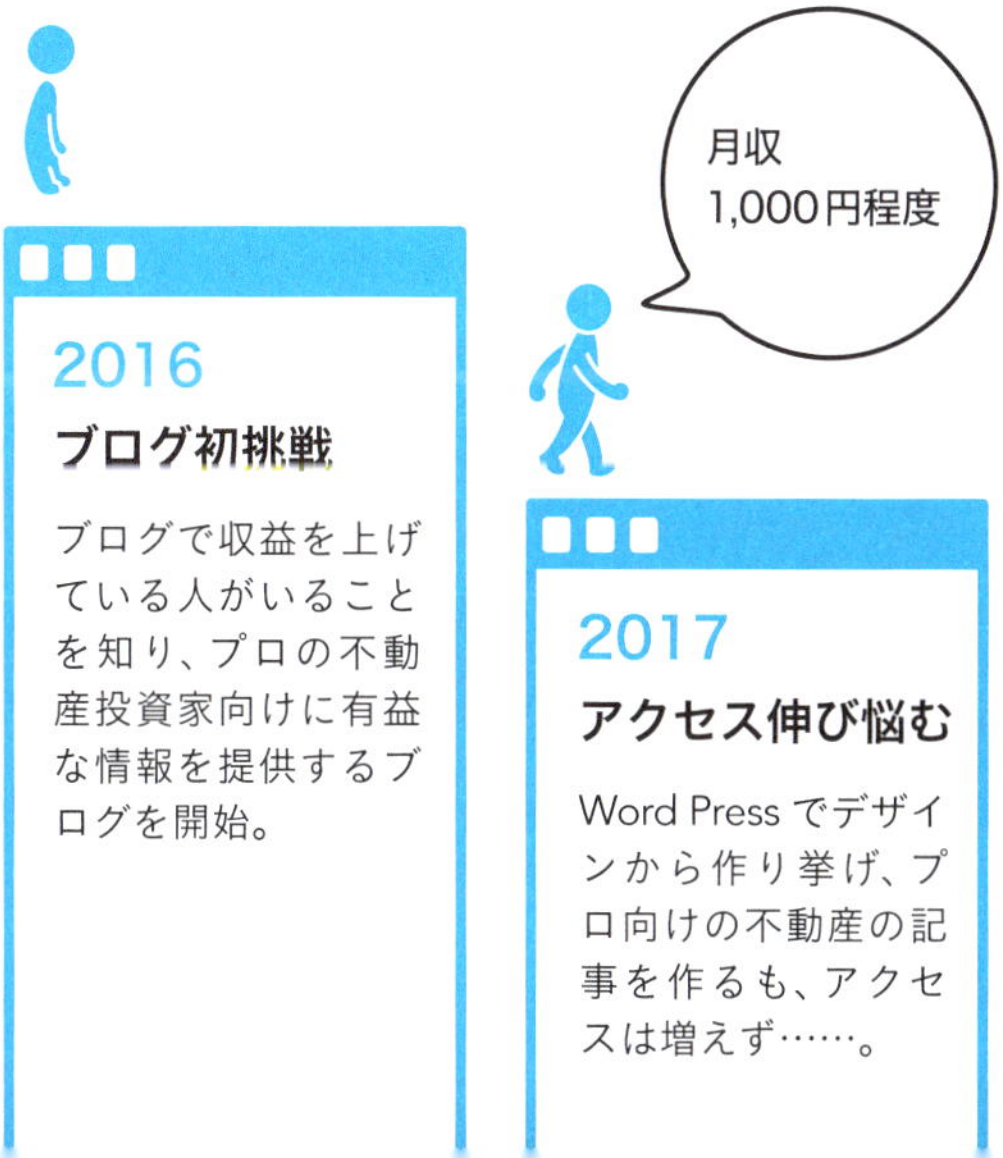
2016
ブログ初挑戦
ブログで収益を上げている人がいることを知り、プロの不動産投資家向けに有益な情報を提供するブログを開始。
月収
1,000円程度
2017
アクセス伸び悩む
Word Press でデザインから作り挙げ、プロ向けの不動産の記事を作るも、アクセスは増えず……。

ブログ 01

原価がかからず、書いたものが資産になっていくブログ

「ブログなんかで稼げるのか⁉」２０１６年に知人がブログで月に何十万円も稼いでいると聞いた時、僕は心の中で叫びました。平静を装って詳しく聞いてみると本当に稼いでいることがわかりました。しかも怪しい方法でなく、役立つ情報を発信して多くの人に知識を提供し、それで収益を上げていたのです。僕自身も情報発信で人の役に立ちたいと思っていたので、さっそくブログを始めてみました。おかげで今では月に１００万円くらいの収益を生んでいます。

ブログのいいところは、初期費用がほとんどかからないことです。パソコンかスマホを持っていれば今すぐにでも始められます。

役立つ情報をたくさん書けば書くほど、多くの方から感謝されます。そして、

それらの記事が資産として積み上がり、書いた後も収益を生むようになります。

デメリットは、稼げるようになるまでに時間がかかることです。僕自身も月に1万円得るのに2年かかりました。一般的に1年は覚悟が必要です。

しかも何本記事を書いたら稼げるか、どれくらい時間をかけたらいくらになるか、答えはありません。アルバイトと違って時給と働いた時間に応じてこれだけ稼げる、という保証はないのです。1円も稼げず挫折する人も多くいます。

ライティングの知識や、Googleの検索エンジンに上位表示させるための基礎テクニック（SEO）も必要ですし、自分でいちからブログを作るのならWordPressの基礎知識も必要です。

ただ、多くの有名ブロガーもまったく無知の状態から試行錯誤して稼げるようになっています。＊33 才能や能力は関係ありません。参入障壁は低い分野です。

あとは、コツコツと継続することができるかどうか。ここが最も大切です。

＊33 たまに聞かれますが文才も関係ないです。僕は国語の偏差値が40くらいでした。漢字も小学生程度しか書けず字も汚いので、文章を書くのが壊滅的に苦手でした。

まとめ

書けば書くほど資産になるブログは、継続がいちばんの成功の秘訣

ブログ
02

役立つ情報を書いて、「閲覧アップ」で「広告費」を稼ぐ

ブログで稼ぐためには、まず人の役に立つ記事を書く。これ[*34]がスタートです。

皆さんも「これについては10時間でも語れる」という話題はありませんか？　仕事、趣味、生活でも、人の役に立ったり、昔の自分が知りたかった情報など。

僕の場合は不動産投資でした。ただ、それでは先駆者も多いので、自分が会社員だったことを生かして「会社員×不動産投資」と掛け算して差別化しました。つまり「会社員が不動産投資をするのに役立つ情報」を記事にしたのです。

最初はなかなか人に見られにくいのですが徐々に人が集まって来てくれるようになります。そうすれば次の3つの方法で収益化できます。とにかく人を集めて読んでもらう、そのために役立つ記事を書く。それを資産に変えるのです。

＊34　「よくそんなにネタがあるね」と言われますが、みんなが「知りたいこと」「役立つ情報」を想像すると、意外とネタはたくさんあります。ブログというと面白い体験とか日常を書かないといけないというイメージがあるかもしれませんが、お金を稼ぐブログはそういった内容とはまったく違います。

稼ぐ方法1 クリックしたらお金がもらえる広告（アドセンスなど）

アドセンスとはGoogleの広告です。自分のブログに広告スペースを設置して、ブログを見た人にクリックしてもらうとお金がもらえます（自分でクリックするとアカウント停止になるので絶対にNGです）。

あらかじめGoogleにアドセンス申請をして、広告コードを取得し、それを自分のブログに貼り付けるだけです。すると自動的にブログを見ている人にとって興味のある広告が表示されるようになっています。ブログを書く側は深く考えず、アクセスを集めれば稼げる仕組みなので、ハードルは低めです。

稼げる額はブログの内容や見る人の属性、広告を設置する場所にもよりますが、ざっくり1000回見られたら300円くらいのイメージです。月に10万回見られるサイトなら月3万円くらい稼げます。なかなか大きいですよ！

稼ぐ方法2 何かを買ったらお金がもらえる（Amazonや楽天など）

商品を紹介して、ブログを見た人がその商品を買うと、ネットショップから報酬をもらえます。Amazonアソシエイト、楽天アフィリエイトなどが有名です。

それぞれのサイトで商品の専用リンクを作成し、自分のブログに貼ります。そのリンクから飛んで商品を買ってもらえると報酬がもらえるというわけです。

報酬は物によって異なりますが、Amazonの本の場合なら2020年現在、代金の3％です（「Amazonアソシエイト・プログラム紹介料率表」による）。

僕のブログでは、実際に読んで役に立った不動産投資の本の紹介をしており、そこから毎月100万円分くらいの本が売れています。その3％の報酬なので、これだけで月々3万円ほど入ってきます。

面白いことに、そのリンクをクリックして、読者が僕が紹介したものと違う商品を買った場合でも、報酬がもらえます。例えば本のリンクを踏んだ後に、ビールを買った方がいたら、ビール代金の8％の報酬が得られます。

嘘をついて「これはおすすめ！」と紹介するのはタブーですが、実際に自分が利用して、その感想や使い勝手、便利な使い方などをレポートすれば、これから買おうとする人にとても役立つ情報になります。

最新の掃除機を実際に使ってみた感想や、ドラム式洗濯乾燥機で乾燥してみたシャツの皺の具合など、身の回りのことが広告収入のきっかけになります。

稼ぐ方法3 何かを申し込んだらお金がもらえる（アフィリエイト）

クレジットカード、証券会社の口座開設、脱毛の体験会など、何かに申し込んでもらっても報酬が発生します。

これも収益はまちまちですが、金融系や医療系などは単価が高い傾向にあります。例えば、自分のブログのリンクからクレジットカードを申し込んでもらった場合、1件につき1万円も報酬が入るという案件もあります。

それを多くの人に申し込んでもらえれば爆発的に収益が上がりますが、そのぶん競争が激しいのが現実です。クレジットカードなどは超激戦区で、いきなり初心者が参入しても他のブログが強すぎて収益化はなかなか難しいでしょう。

こうした案件を自分のブログで紹介するためには、ASP（アフィリエイトサービスプロバイダー）に登録します。A8.netという会社などが有名です。

案件によっては審査があり、ある程度サイトの実績や信頼性がないと紹介できないものもあります。

アフィリエイトのコツ　特別単価で一気に報酬アップ

アフィリエイトで報酬を上げる方法に、特別単価というものがあります。申し込み1件当たり1000円の案件を何十件も獲得していると、単価を2000円にアップしてくれるようなことがあります。これが特別単価です。特別単価を得られると、一気に収益が跳ね上がります。コツコツ地道に成果を出していくと、ASPの担当者さんがサポートしてくれるようにもなります。情報やアドバイスをくれたり、さらに交渉して単価を上げてもらえたりします。

こうしてブログで報酬を得ることを「読者からの搾取だ」と思う人もたまにいるようですが、それは全く違います。企業はテレビCMや雑誌広告の代わりに、販促費をブロガーに成果報酬として支払っているだけです。

やってみようと思う方は「Amazon アソシエイト　はじめ方」などと検索してみてください。それでヒットしたブログも同じように〝役立つ情報を発信して〟お金を稼いでいます。どのようにわかりやすく解説しているか、どんな工夫をしているか、そんな目線で見るとまた違った面白さがあり、勉強になります。

まとめ

ブログは役立つ記事を書いて人の役に立ちながら
収益を上げられる素晴らしいビジネス

広告収入で稼ぐ仕組み

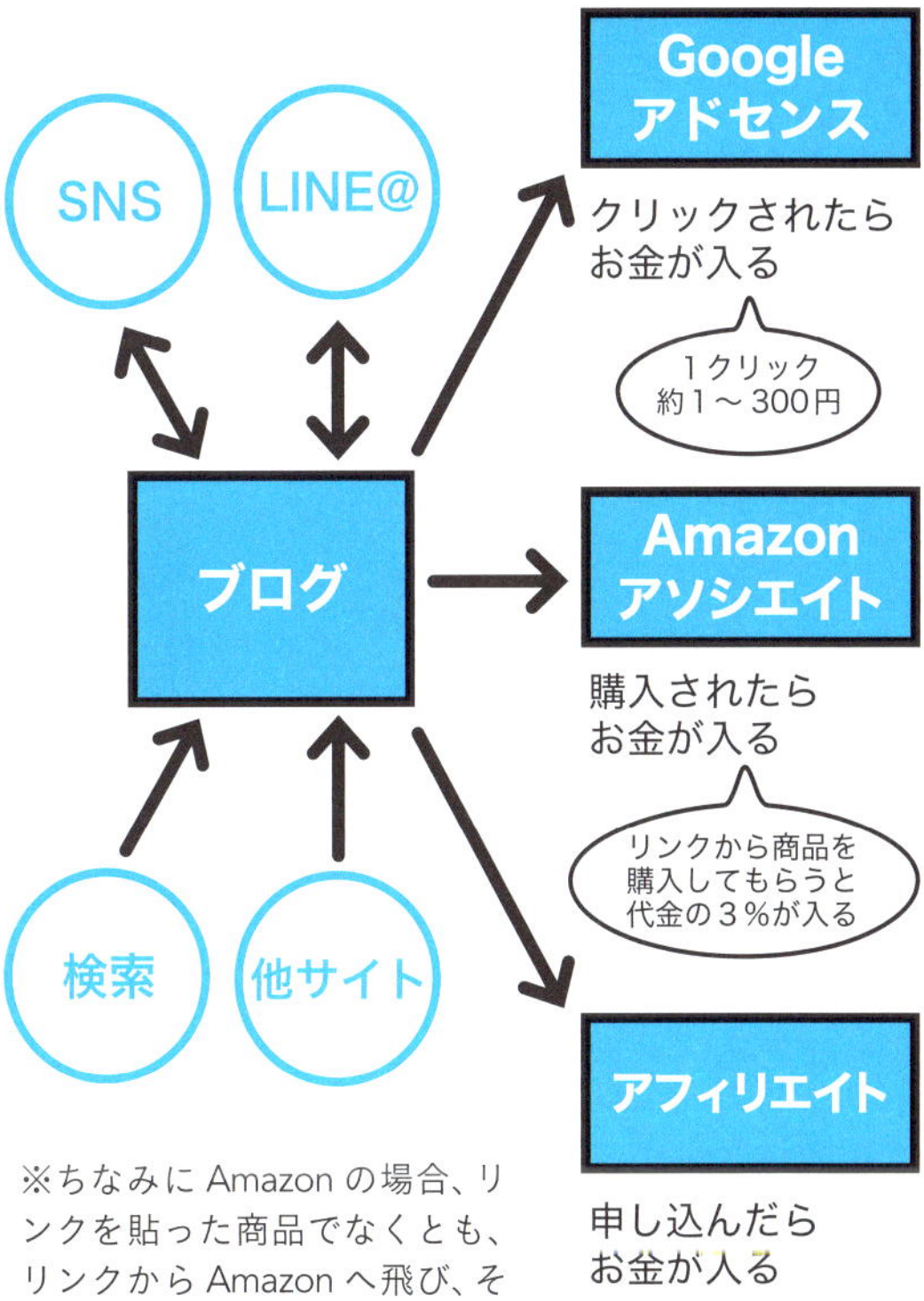
SNS
LINE@
検索
他サイト
ブログ
Google
アドセンス
クリックされたら
お金が入る
1クリック
約1～300円
Amazon
アソシエイト
購入されたら
お金が入る
リンクから商品を
購入してもらうと
代金の3%が入る
アフィリエイト
申し込んだら
お金が入る

※ちなみにAmazonの場合、リンクを貼った商品でなくとも、リンクからAmazonへ飛び、そこで他の商品を購入してもらっても3%もらえる。
(パーセンテージは商品によって違います)

ブログ 03

ネット上の自分の住所になるドメインを取得する

ブログを始めるにあたって、最初に決めておくべきことが2つあります。

決めること1　どこにブログを書くか？

大手のサービスを使うか、自分でブログを作るか（WordPress）を決めます。

大手のサービスで有名なところには、アメーバブログ、livedoorブログ、はてなブログなどがあります。

大手のメリットは、

○無料で、簡単に始められる（手っ取り早く開始できる）

○ブログの中で人の流入がある（無名でも初期から読まれる可能性が高い）

大手のデメリットは、

○カスタマイズが制限される（オリジナリティが出しにくい）

○収益化に制限がある会社がある（197ページの方法ができない場合がある）

○広告が勝手についたりする（イメージやコンセプトを崩す場合もある）

○サービスが終了するリスクがある（書きためた記事＝資産が失われる）

一方、自分でブログを一から作ることもできます。WordPressというブログセットのようなソフトがあり、これを使えば簡単です。詳しくは後述します。

オススメのブログサービス

アメブロ	無料	初心者でも簡単にスタートでき、集客しやすい。アフィリエイトが可能か、独自ドメイン取得可能かは個々のサービスによる。独自ドメインを取っていないと、サービスが終了したら何も残らない。
FC2		
livedoor		
WordPress	有料	自分のこだわりを完全に反映できるブログ作りができる。サーバー代（約10,000円／年）ドメイン取得代、維持費（約1,500円／年）、テンプレート代（15,000円／初回のみ）かかる。

↓

初年度：約26,500円
翌年以降は維持費として約11,500円価格

決めること2 自分でドメインを取るか？

次に、共有ドメインを使うか、自分でドメインを取るかを決めます。

ドメインとはネット上の住所のようなイメージです。僕のブログのドメインは、www.mofmof-investor.com で、独自に取りました。

共有ドメインのメリットとデメリットは、

○大手のドメインなので力があり、検索に上がりやすい可能性がある

○サービスが終了したら何も残らない（書きためた記事＝資産が失われる）

独自ドメインのメリットとデメリットは、

○ブランド名がドメインになりブランディング効果がある（www.mofmof など）

○サービスが終了しても、ドメインを持っていれば復活できる

○最初はドメインに力がないので、検索で上位を取りにくい

ガチでやっていくなら独自にドメインを取るべき、というのが僕の考えです。

livedoor ブログなどは独自ドメインを使えます。つまり、選択肢は次の3つ。

①大手サービス＋共有ドメイン（とりあえず試してみたい人向き）

②大手サービス＋独自ドメイン（しっかりやりたいが、時間がない人向き）
③WordPressで作成＋独自ドメイン（気合いを入れたいし時間もある人向き）

とりあえず②でスタートして、手応えを感じたところで③に移行もできます。

WordPressで作り、独自ドメインを使う場合

僕は自分でブログを作り、独自ドメインを使っています。こうすると本当に自分の世界を自由に作れます。そこまで難易度は高くありません。手順は、

①ドメインを取る（「お名前.com」など）
②サーバーを借りる（「エックスサーバー」など）
③WordPressをインストールする
④WordPressのテンプレートを入れる（無料〜1万円くらい）

これで無限の土地を買ったようなもの。好きなブログを自由に構築できます。

まとめ

独自ドメインなら、コンテンツはすべて自分の資産に

ブログ 04

もふ流・月100万円稼ぐブログの作り方

僕は2019年3月末に会社を辞めましたが、その月のブログの収入は110万円でした。でも、決して楽な道のりではなく、そうなるまでにいろいろと経験し、失敗も挫折もしてきました。

そんな自分の体験から、ブログで稼ぐノウハウをまとめます。

ポイント1 初心者のために自分の体験談を簡単に書く

僕はブログで稼げるようになるまでに1年は遠回りしたと後悔しています。そうなってしまった致命的なミス[＊35]は、「難しいことを書けば、すごい人だと思われて人気が出る」と考えて、不動産投資のプロ向けに難しいことを書いてしまったことです。知識のあるプロは僕のブログなんて必要ないのに。

＊35 実はもうひとつ失敗があって、当時の僕はなぜかWordPressのテンプレートを自作しようとしていました。買えば1万円で最高のものが手に入るのに、何カ月もかけてショボすぎるテンプレートを自作して力尽きました……。無知は怖いですね。

ブログで儲けるためには多くの人を集めることが大切です。そこに気づいて、
○過去の自分が早く知っておきたかった内容
○実際の体験談を織り交ぜて、初心者にわかりやすい表現
これに徹しました。誰でも書けるような表面的な解説ではなく、自分が苦悩して行動した体験や失敗こそ人の役に立ち、多くの人を惹きつけます。

不動産を勉強し始めた僕が知りたかったことを、これから勉強する人に向けて基礎から解説していったところ、やっと興味を持っていただけました。

ポイント2 何かに特化したブログにする

ブログには、いろいろなジャンルにわたって書く「雑記ブログ」と、専門的なテーマの「特化ブログ」があります。

どちらも成功者はいますが、雑記ブログはネタに困ることが少ないぶん何のブログだかわかりにくく、専門的なサイトに負けやすい側面があります。Googleの検索順位の決定に使われているアルゴリズムも専門性を重視しています。

大きな収益を生みたいなら、特化ブログをお勧めします。多くても3つくら

いの関連するジャンルに絞ること。僕の場合は不動産投資に特化したブログで、そこから派生して株や経済のことまで書いています。

ポイント3 目的に合った客層を集める

ブログで稼ぐためにはアクセス数を集めることが重要ですが、効率よく収益を得るためには、いかにブログの目的に合う読者を集められるかが勝負となります。

僕の場合、不動産投資に興味がある人を集めなくてはいけません。仮に、ぬいぐるみ好きの読者が増えたとしても、アドセンスの収益は多少入るかもしれませんが、アフィリエイトの収益は上がりにくく、残念ながら大きな稼ぎにはつながりません。

ポイント4 Google検索からの流入を増やす

ブログにアクセスが集まるのは主に2つの経路からです。

① Google検索からの流入

②SNSからの流入（はじめはこれが効果的。詳しくは210ページ）

特に稼げるブログにするには、Google検索で流入を増やすことが重要です。例えば、「脱毛」の検索キーワードで検索上位を取れれば、そこから大量の脱毛のアフィリエイトを発生させて大きな収益を生むことができる可能性があります（とはいえ、これは実際かなり困難なのですが）。

SEOの基礎知識

Google検索で上位を取るための技術のことをSEOと言います。Googleはどういう基準で検索順位を位置付けているのかはブラックボックスで、絶対的な秘訣はありません。

とはいえ、僕も意識している一般的なSEO対策を解説します。

検索するキーワードは組み合わせで決める

「不動産投資　始め方」「不動産投資　勉強法」「不動産投資　サラリーマン」など、記事ごとに読者が検索するキーワードを2、3語の組み合わせで決めます。いきなり「不動産投資」のような大きなキーワードだけで検索の上位を取るのは難しいので、組み合わせの工夫で上位を狙うのです。

マニアックすぎても人が来ないので、月100〜1000回の検索ワードが最適です。UbersuggestやGoogle広告のキーワードプランナーで調べられます。

キーワードを調べる人が望むものを知る

「不動産投資　サラリーマン」で記事を書くなら、このキーワードで検索する人はどんな人か？　どんなことを知りたいのか？　とことん予想して、その目的に合う記事を書かなければいけません。実際にそのキーワードで検索してみて、どんな記事が上位に来ているのかを調べて内容を分析するとつかめてきます。

キーワードをタイトルと見出しに入れる

キーワードは必ずタイトルと見出しに入れるようにします。それによってGoogleはその記事がキーワードに関連していると認識するからです。

見出しとは、Htmlのタグで H2、H3 などのことです。

＊36　僕は最近ではブログに図解を

入れまくればいいのではなく、あくまで自然な形で入れるのがコツです。

読者を長く惹きつける

Google はそのキーワードで検索した人の行動を認識していて、どれくらいの時間そのページを見ていたかなどのデータを取っています。検索した人の満足度が高く、そのページでの滞在時間*36が長いと評価が上がるとされています。

それにはやはり、読んでくれる人にいかに役に立つ記事を書くかに尽きます。

専門家として情報を発信する

Google は、お金や健康に関する領域（YMYL*37＝Your Money Your Life）では専門性、権威性、信頼性（E-A-T）のあるサイトを優先して表示するとの方針を出しています。そのため、投資系、医療系、ダイエット、脱毛などのブログで検索の上位を取るのが年々難しくなってきました。

例えばダイエットについて、個人の成功体験と、ダイエット外来の医師が書く記事では信頼度が違ってきます。Google がどのように判断しているかは明

入れることが増えました。図を見ることで分かりやすくなり、読者の理解度が上がり、さらに滞在時間も増える傾向にあります。

＊37　２０１９年３月にGoogleの検索アルゴリズムの変動により、一般の人が健康に関するネタで検索によって上位を取るのがほぼ不可能になりました。（ＹＭＹＬ＝Ｙｏｕｒ Money or Your Lifeは人の健康や経済など潜在的に影響を与えるページのことで、より高いクオリティを求められるようになったからです）特に健康系でブログを書いても検索のアクセスはあまり望めないので注意が必要です。

らかにされていませんが、これから書くなら自分が専門性を持つ領域を選ぶか、すでに書いているなら自分の権威性や専門性を高めていくことが必須です。

同時に、SNSなど、Google検索以外の道も育てていく必要もあります。

大きなサイトからリンクを集める

Googleがサイトの有効性を判断する手段として、大きなサイトからどれくらいリンクが貼られているかのデータが使われています。

そのため、自分のドメインでブログを始める場合、大手サイトからリンクしてもらうようにすると、検索の上位に表示されやすくなります。

僕も有名なブログに記事を寄稿してリンクを貼ってもらったり、大手のサイトから取材をしてもらったときにリンクを貼ってもらうようにお願いしたりなど、地道にリンクを集めています。ブログを始めたての頃はリンクを貼ってもらうのは難しいと思いますが、徐々にリンクしてもらっていきましょう。

ニュースを活用する

自分の書いているジャンルに関する大ニュースが出た時に、専門家として記事を書くと検索の上位を取れる可能性があります。

僕自身、2018年に不動産投資業界で無謀な高利回りをうたって自転車操業の上、倒産をしたスルガ銀行やかぼちゃの馬車が問題になって、その時に記事を書いたら、検索の上位を取ることができました。

自分のテーマに関連するニュースが出たら、すぐに記事を書きましょう。

まとめ

読者のニーズに答える専門性ある内容&検索上位に出る仕掛けが基本

勉強になるブロガーサイト

ヒトデさん	WordPress立ち上げから丁寧に紹介。ブログ初心者は必ずチェックを！	https://hitodeblog.com
クロネさん	100記事講座という初心者が100記事書けるようになるためのハウツー記事は必見	https://kurone43.com/babysteps/
ひつじさん	アフィリエイトで月5万円稼ぎたい人のプログラムは必読	https://hituji-affiliate.com

ブログ 05

SNSの併用がアクセスアップに必須のポイント

Google検索のアルゴリズムが年々厳しくなり、上位を取るのが難しくなったことは僕自身も実感しています。そこでSNSからの流入に力を入れています。

Twitter

ブログにアクセスを集めるためには、圧倒的にTwitterがお勧めです。

Twitterについて改めてまとめると、140文字で何かをつぶやく（ツイート）のがメインのSNSで、毎日とても活発に情報がやり取りされています。

特定の人のつぶやきを見たければ、その人をフォローします。つまり、「この人のつぶやきは役に立つ」と思われればフォローしてくれる人が増えます。

さらに共感を得られれば「いいね」ボタンを押してもらったり、「リツイート」

で多くの人に紹介してもらえたりして、より多くの人に情報が拡散されます。

Twitter のいいところは、

- ○拡散力が高い
- ○ブログへのアクセスを誘導しやすい
- ○多くのブロガーが Twitter で活動している

WordPress などでブログを始めると、最初はほとんどだれもアクセスしてくれません。ブログの存在が知られていないので、アクセスしようがないのです。大海原にポツンと浮かぶ小島のようです。だから拡散力のある Twitter でブログを紹介することで、ブログのアクセスを増やすのが手っ取り早いのです。

僕なら Twitter で不動産に役立つことをつぶやきながら、ブログで不動産投資の記事を書く。そしてまた Twitter で自分のブログを紹介するわけです。

効果を上げるためには、Twitter でフォロワーを増やさなければなりません。コツは、やはり何かの専門家として的を絞った情報を発信することです。でも、人間味があるほうが親近感がわくので、たまに個人的なツイートをするのも有効です。でも、あくまで主流は専門的で人の役に立つ話題にします。

そして、人がTwitterを見てフォローするまで[*38]の動線を意識します。

■動線① 役立つ情報に反応する

多くの人に見てもらえる可能性の高い、役立つ情報をつぶやきます。

■動線② プロフィール画面へ飛ぶ

興味を持つと、プロフィールに飛びます。思わず見たくなるアイコン画像やアカウント名にします。

■動線③ プロフィールを見て専門家として認知する

フォローするかどうかはプロフィールで判断されます。「この人の情報は役に立ちそう」と思ってもらえるよう、専門家らしさが伝わるヘッダー画像、プロフィール内容を工夫します。この段階でフォローされる場合があります。

■動線④ 普段のツイートを見る

「他にどんなツイートをしているのかな?」と、ツイートを見られます。普段のつぶやきに興味を持ってもらえたら高確率でフォローされます。

*38 なかなかフォローされない場合は、「どこがボトルネックになっているのか?」を見直すことも大切です。

その他のSNS

Instagramに文章や図解を投稿してブログに誘導している人もいます。直接ブログのURLを貼ってブログに流すことができにくいのでアクセス数は爆発的に伸びませんが、センスがあって図解が得意ならうまく運用できると思います。

最近はnoteも人気です。note自体がブログのような機能を持っていますが、noteに記事を書いてアクセスを集め、そこからブログに誘導する方法や、noteに有料記事を書いて収益化する方法など、ブログとは好相性です。

画像を集めるpinterestも徐々に人気が出ていて、他のSNSとの相乗効果でブログにアクセスを集めることも可能です。

以上、いきなりすべては不可能だと思うので、まずはTwitterを中心に、余力があれば得意そうな分野だけをやってみるのがおすすめです。

まとめ

フォローしたくなる工夫をしたTwitterアカウントで流入者アップ

ブログ 06

どんな媒体でも情報を発信することは自分にとってメリットしかない

ブログやSNSでの情報発信は、すぐにでも始めて欲しいと思います。僕自身は副業を始めて8年後からやっと始めましたが、もっと早くからやればよかったと後悔しています。

面倒臭いとか時間が取られそうだと思われる方もいるでしょう。確かにそれはあるのですが、その手間を差し引いても余りあるメリットが大きいのです。たとえ直接稼げなくても、発信することだけでも意義があります。

メリット1 学んだことを整理できる

自分が学んだことを発信することで、知識が定着しやすくなります。

記憶は反復して思い出すことで定着します。新しく知ったことや習ったことを思い出し、そして記事を書くことで深く記憶に植え付けられます。

何より、わかりやすく説明するにはどうしたらいいのかと考えたり文章を推《すい》敲《こう》することで、複雑な内容をシンプルに体系立てながら再度、理解できます。

実際に記事を書いてみるとわかるのですが、今まで知っているつもりだったけれど実はあいまいにしか理解していないところや、今まで気にならなかったけれどよくよく考えると重要なところなどにたくさん気づけます。

初心者にわかってもらおうと努力すると、自分の弱いところも見えてきて、それを補うことで自分自身がよりレベルアップできるのです。

メリット2 仲間ができる

自分で稼ぐのは孤独な戦いです。答えのない道をずっと一人で模索していかなければなりません。

一緒に働く同僚がいて、やれば給料がもらえる世界を飛び出して、付加価値を生まなければ1円ももらえない道を歩むのは孤独でつらい時もあります。

また、どれだけ調べてもわからないこともあったりします。そんな時、一緒に勉強したり目標に向かっていける仲間がいれば、とても励みになります。

オンラインでお互いにわからないところを教え合ったり、リアルで勉強会を開いたり、日々情報交換をしたりしながら共に成長できる仲間は貴重です。

ブログやSNSで情報を発信していると、自分と似た境遇の人や、先に結果を出している人とつながる機会が増えます。自分が発信した情報を見てどんな人間なのかもわかってもらいやすく、同じ考えを持った人が集まってくれます。

僕自身ずっと独学で不動産投資をやっていたのですが、ブログで情報発信し初めて多くの仲間ができました。そして会社の世界しか知らなかった僕が経営者の中に飛び込んで、新しい世界でもまれて成長することができました。

36ページで「憧れの人に会いに行く」と書きましたが、知り合うきっかけになったり、直接知らない方にコンタクトを取れるのもSNSがあるおかげです。

特に不動産投資を行うならFacebookがおすすめです。

実は、Facebookはブログへのアクセス流入としてはほとんど期待できなくなってしまいました。URLを貼ると投稿が拡散されにくくなっていて、コメント欄にURLを貼ったりなどの工夫をしても拡散が難しいのです。

でもリアルの関係を作るのには向いています。特に不動産投資家は、皆さんFacebookでつながっています。

メリット3 多くの人の役に立つ

稼ぐというのは結局、誰かの役に立ち、それに値する報酬をいただくことだと思います。その数が多く、付加価値が高いほど、金額も増えます。

情報発信すると自分がどれだけ人の役に立っているかがダイレクトにわかり、時には軌道修正のためのアラートに、時には大きな手応えと励みになります。

これ以上のマーケティングはありません。ぜひ今すぐ情報発信してみてください。顔出しも必要もないですし、匿名でもOKです。

まとめ

情報発信すると「知識を再確認できる」「仲間ができる」「人に役立つ」

ブログ 07

過去にアップしたコンテンツはアップデートしてブログの価値を上げる

不動産の建物が劣化して資産価値が下がるのと同様、ブログも記事が古くなると資産性が落ちます。でも、メンテナンスによって資産価値を保てます。

だから、成功しているブロガーは、過去のブログを定期的に修正しています。

記事を修正することをリライトと言いますが、具体的には次のように行います。

○過去の情報が古くなった場合のメンテナンス
○足りなかった情報を書き足す
○他の記事へのリンクを追加

記事を書いたときは最新の情報でも、時間とともに内容が古くなることがあります。例えば「消費税8％」と書いてあれば、今は消費税10％なので間違いです。情報が間違っているとサイト全体の情報の信頼性を疑われてしまいます。

また、情報をわかりやすく書くのは、慣れないと難しいものです。初期に書いた記事を見て「なんてわかりにくい……」と愕然とすることがよくあります。

僕は古い記事から順に定期的に見直して修正し、更新日を最新にしています。これで記事が新しく生まれ変わり、内容もわかりやすくなっていきます。記事数が多いことより全体の質が高いほうがGoogleの評価も高まると言われます。読者から見ても外れ記事がなく、また訪れてくれる確率が高まります。

そして、関係する記事のリンクを貼ることも大切です。例えば、過去に「ブログの始め方」という記事を書いたとします。その後、新しく「ブログのタイトルの付け方」という記事を書きました。

そしたら、過去の「ブログの始め方」の記事の中に、「ブログのタイトルの付け方」のリンクを貼って記事を紹介しておくと、より親切な記事になります。リンクを貼って記事を見てもらうのはSEOの観点からも推奨されています。

まとめ

時代に合わせて見直すことで価値も資産性も上がる

ブログ
08

ブログは資産になるけれども、不労所得にはならない

質が高くて多くの人に役立つ記事がたくさん積み上がっていくほど、大勢の人が集まる有力な広告媒体を数多く抱えるオーナーになって、どんどん収益が上がります。だからブログは資産[＊39]なのです。

でも、ここまで読めばわかる通り、ブログは不労所得とは言えません。

どんなキーワードで書くべきかを調査して、読者が求める情報の裏取りや事実確認をし、実際に記事を書くのには時間がかかります。専門のライターさんに外注する方法もありますが、そうすると原稿料の支払いが発生しますし、やはり実際に経験した本人に比べて熱量が伝わりにくいこともあります。

さらにSEO対策やSNS発信をしながら、絶えず最新の情報にメンテナンスしなければ、アクセスは徐々に減ってしまいます。

＊39　厳密に言うと、Google検索の上位を取れなくなったり、ブログの人気が無くなってアクセスが減ってしまったりすると収益が減ってしまうので、永遠に資産として残すのは難しいです。ライバルブログとの競争もあり、アクセス数を確保して売り上げを維持するのは大変なところもあります。

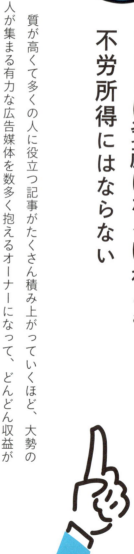

だからといってブログで稼ぐことが不可能か、「短時間で高い利益になる」という副業の基準に合わないかというと、そんなことはありません。

もちろん必ず稼げる保証はありませんが、コツコツと役立つ記事を書いていけば、だいたいの人が月に数万円は稼げます。しかも費用はほとんどかからず、株や不動産と比べてはるかに低リスクです。

そして、うまく市場のゆがみを見つけられたら月100万円超えもあり得ます。この場合のゆがみとは大ヒットするテーマやオリジナリティです。まぁそこまでいかないにしても、本書に書いた方法を実践して試行錯誤を続ければ稼げる可能性は十分あると思います。

好きなことを書いて多くの人の役に立ち、仲間もできて収益が上がる――ブログは魅力的な副業です。もし今は選択肢から外す方がいたとしても、他の副業で成功したら、そのノウハウをテーマにブログに挑戦して欲しいと思います。

まとめ

丁寧な情報収集と制作で、ブログをローリスク・ハイリターンな事業に育てる

ニュース性を加味した
内容とスピードを
意識すれば、
より再生数アップに！
現在（2021年1月現在）
登録者数：27万人
年収：約2000万円
再生回数：3700万回
トータル再生時間：556万時間
2019年12月末、
YouTubeに疲れて
毎日投稿から2日に1回
投稿に変更。
登録者数、再生数の伸び率は
毎日投稿していた時と変化なし。
2019年から
毎日動画
投稿開始。
開始5カ月で
登録者数12,000人
再生回数100万回
突破！
開始8カ月間で
合計360万円の
収益を上げる
開始1年3カ月で
登録者数10万人
突破！

YouTube 投資のロードマップ

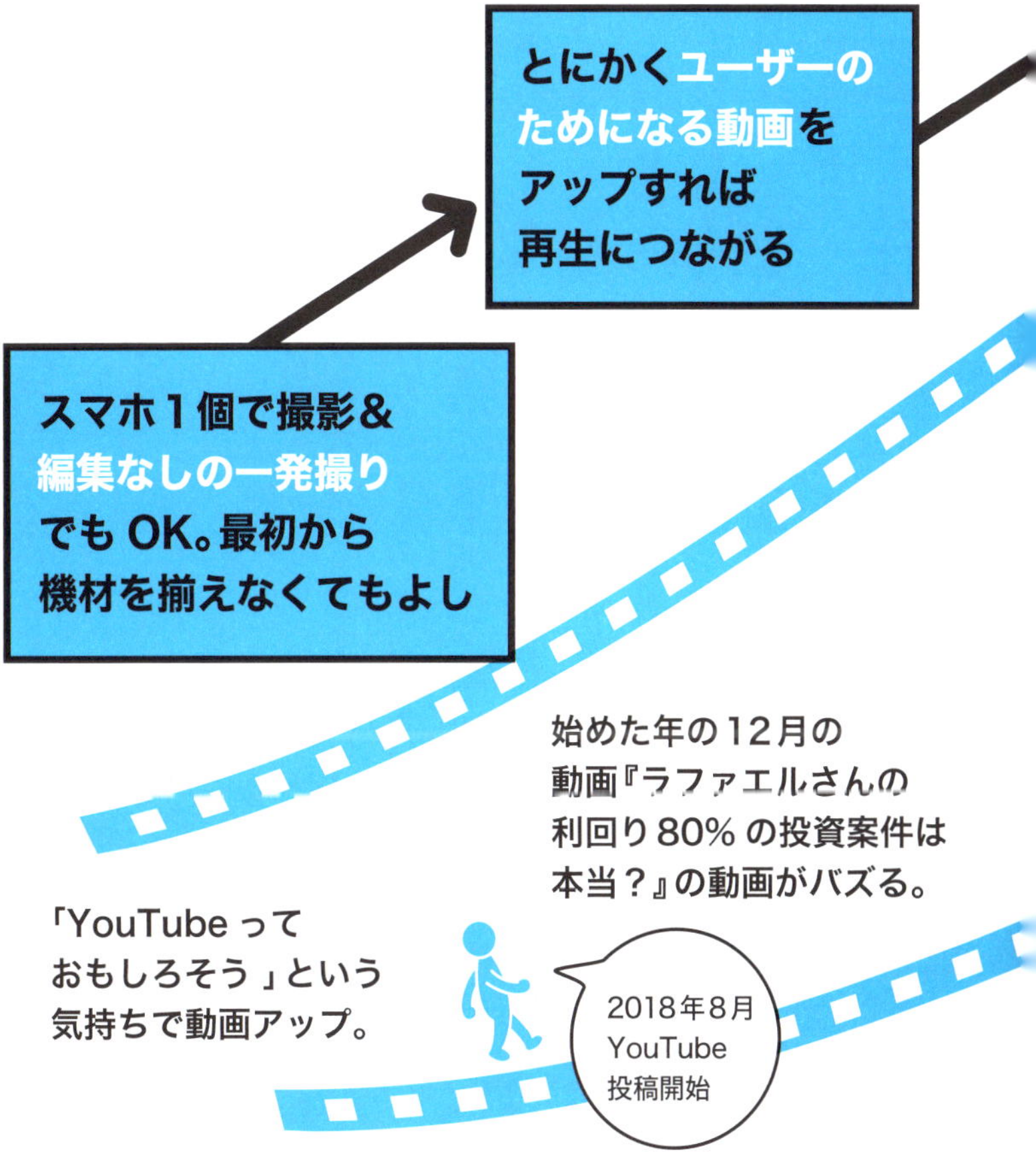
とにかくユーザーのためになる動画をアップすれば再生につながる
スマホ1個で撮影&編集なしの一発撮りでもOK。最初から機材を揃えなくてもよし
始めた年の12月の動画『ラファエルさんの利回り80%の投資案件は本当？』の動画がバズる。
「YouTubeっておもしろそう」という気持ちで動画アップ。
2018年8月 YouTube投稿開始

YouTube 01

YouTube はどうして こんなに稼げるのか？

おかげさまで最近はメディアの取材を受けたりします。そこで「YouTubeを始めたきっかけは何ですか？」と聞かれたりするのですが、正直、答えに困ってしまいます。「なんとなく……面白そうだったから」[＊40]これが本音なんです。

ちゃんと動画を見たことすらなく、チャンネル登録の意味すらも知りませんでした。とりあえずiPhoneのカメラの前に座り、特別なマイクもなく、ぶっつけ本番で喋りました。編集もサムネイルもなしで概要欄を適当に書き、撮った動画をアップしたのが最初です。

そこから2年後の今、YouTubeチャンネル登録者は27万人を超えています。道を歩くと「もふ社長ですか？」と声をかけられるほどにはなりました（笑）。

＊40 記念すべき1本目は２０１８年７月28日に投稿されています。この時の思いつきで1本目を撮っていなかったら、今のYouTuberとしての自分はいないのかと思うと、何かを新しく始めるのはとても重要だと思います。

YouTubeで稼ぐ方法

YouTubeで収益を上げる方法は3通りあります。

①YouTubeの広告収入を得る
②企業とタイアップして収益を得る
③自社商品を販売する

YouTubeを見ると動画の初めや途中に広告が流れます。その広告が流れるごとに僕らYouTuberに収益が入ります。まずはここを目指すのが正攻法です。

さらに知名度が上がってきたら企業からタイアップの依頼が来るかもしれません。例えば、僕なら確定申告ソフトの紹介などです。

もっと人気が出てきたら、自分で商品を作って売ってもいいと思います。「会社員だから自分の商品なんてないよ」と思うかもしれませんが、僕は実績が出たところで不動産投資の動画講座や不動産投資の収益計算ツールの販売を始めました。こういった自分の商材も動画で宣伝できます。

YouTubeで広告収入を得る条件

広告収入を得られるようになるには、YouTubeに申請して、審査にパスしなければなりません。そのためには、次の条件を満たす必要があります。

○チャンネル登録者1000人以上
○過去1年間の視聴時間4000時間以上

そして、動画が規約違反をしていないか、広告を付けるのに適しているかなどを審査され、問題ないと判断されれば1週間〜1カ月ほどで承認されます。

承認を得た後、広告を付けるかどうかは動画ごとに自分で設定できます。

広告収入は「広告が流れる回数×広告単価」で決まります。単純に再生される回数が多く、しかも動画の途中に多く広告を挟めば、収入は増えるわけです。

8分以上の動画なら、冒頭だけでなく、途中にも広告を挟めます（ミッドロール広告）。広告を挟みすぎると視聴者の利便性を損なうので、YouTubeを始めたばかりの時はあまり多くの広告を入れないほうが賢明です。

YouTube広告の仕組み

広告単価は、実は広告主の入札で決まっています。

仕組みを説明すると、まず広告主が「こんな広告を出したい」と設定します。
○どんな視聴者に広告を出したいのか？（年齢、性別、年収、趣味など）
○どんな動画に広告を出したいのか？（ジャンルなど）
○予算はいくらなのか？
例えば、「旅行に興味のある20代の男性が見ている動画に1日1万円の予算で広告を出したい」というように設定するのです。すると、YouTubeが全自動でそれに該当する動画とマッチングさせて広告を流します。

旅行に興味がある人が見ている動画は、やはり旅行の動画です。その中で、自分の動画が最適だと自動的に選ばれれば、広告が流れて、収益になります。

その時に、もし「旅行に興味のある20代の男性」に向けて、たくさんの企業が広告を出したいと殺到した場合、YouTubeは広告単価の高い順に自動的に広告をさばいて動画とマッチングさせます。

つまり、広告主が多いジャンルで、しかも該当する動画が少なければ、オークションのようにどんどん広告単価がつり上がっていくというわけです。

一般的には、おもちゃやゲーム、お菓子などの広告は単価が安く、投資系などは単価が高いとされています。

本当に1再生0・1円なのか？

よく収益の目安として「1再生0・1円（再生単価）」と言われますが、先にお伝えしたようにジャンルや動画の質、広告を入れる割合によってもバラバラなのです。

広告収入で稼ぐ仕組み

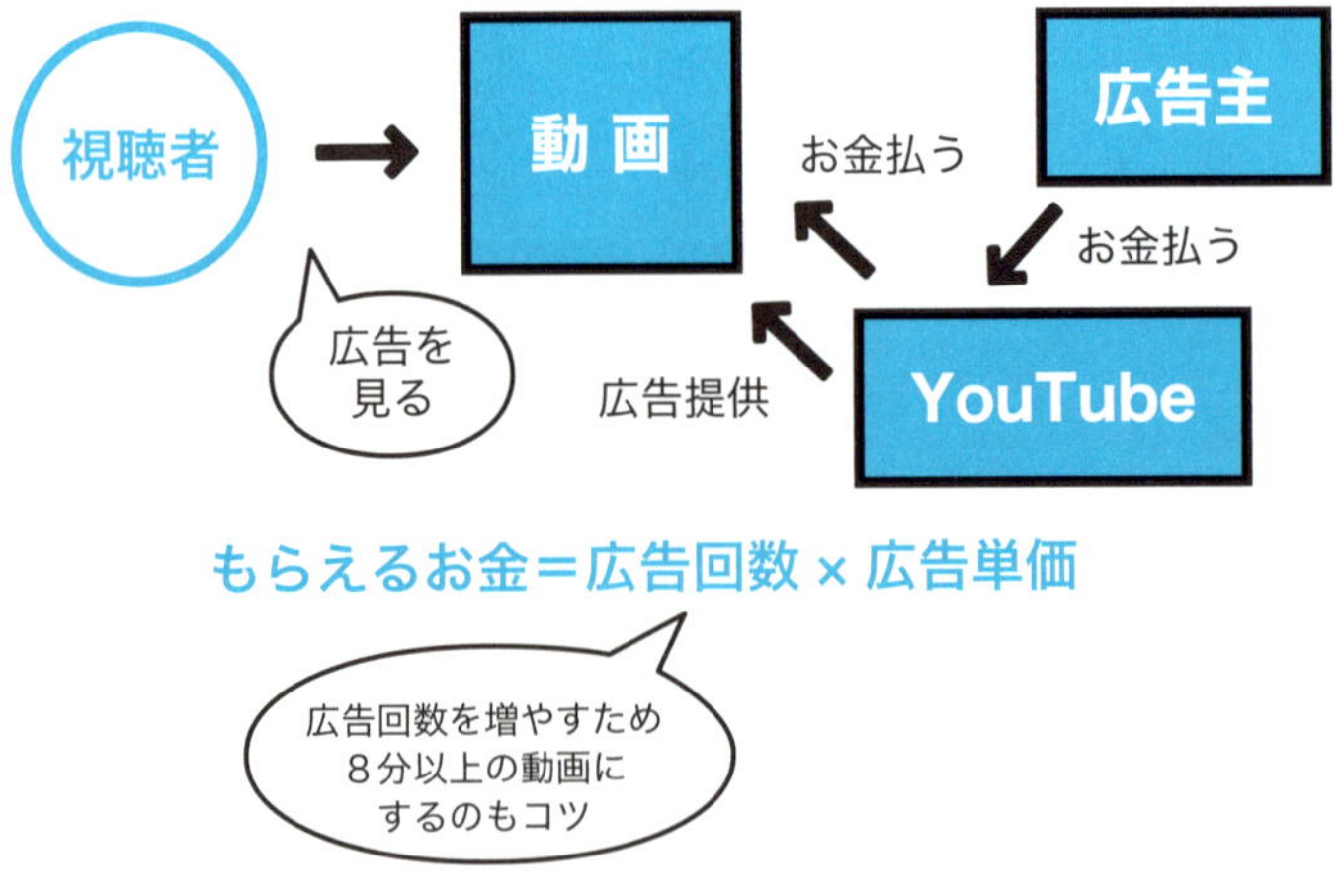
視聴者
動画
広告主
お金払う
お金払う
広告を見る
広告提供
YouTube
もらえるお金＝広告回数×広告単価
広告回数を増やすため8分以上の動画にするのもコツ

有名なYouTuberが所属する事務所のUUUMは決算書で再生数と収益を出しているので、そこから平均再生単価を出すことができます。ジャンルは多岐に亘りますが、トップYouTuberがたくさん所属しているUUUMの平均で、1再生0・25円ほどの計算になります（P230の図）。

一方、ビジネス系の話題を扱う動画なら1再生0・5円くらい。子ども向けの動画となると1再生0・01円を下回るという話です。

YouTubeでどれくらい稼げるのか？

仮に1再生0・25円とすると、月に25万円稼ぎたければ、1カ月に100万回再生される必要があります。月100万回再生されるYouTuberはどれくらいかというと、だいたい2000組くらいです（ユーチュラ調べ）。

プロサッカー選手が2128人（2020年シーズン）なので、ほぼ同じ！

この数字をどう思うでしょうか。参入障壁が高すぎると思いますか？　いや、素人が動画を出すだけで人気者になれて稼げるなんてオイシイと思いますか？

僕の周りの超有名YouTuberは皆、最初は特別なスキルなどなく、自分が楽しみながら動画を出していったら徐々に収益がついてきた、という人ばかりです。

確かに、視聴者に喜ばれる動画を継続的に出し続けるのはかなりヘビーですが、プロサッカー選手になることに比べれば、はるかにその道のりは楽ではないでしょうか。

前述のユーチュラの数字を細かく言うと、月100万再生を超えたチャンネルは2019年9月には1527、2020年9月は2385です。1年で5割以上も増えています。下記の

1再生あたりのGoogleアドセンスの収益額イメージ

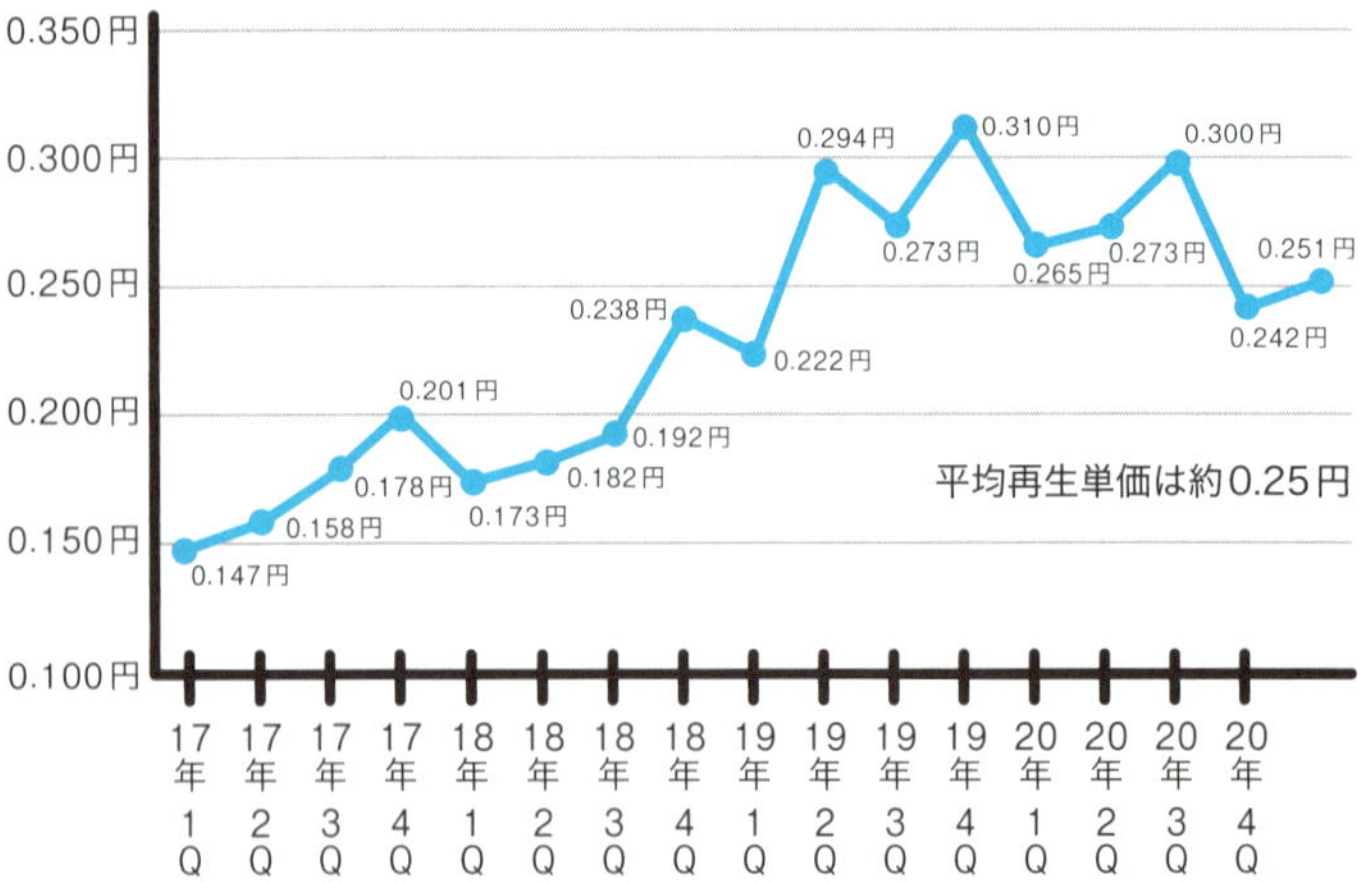

※ UUUM株式会社2021年5月期 第1四半期決算説明資料を元に算出

左の図にもあるように、UUUM所属のチャンネルだけでも、再生数は右肩上がりで増加しているのを見ても、YouTube市場の驚異的な拡大を知ることができるでしょう。

なお、ビジネス系YouTuberなら再生単価が高いので、10万再生までいかなくても20万再生くらいでも月10万～50万円ほど稼げるチャンスがあるのです。

UUUM所属YouTuberの3カ月合計動画再生回数推移

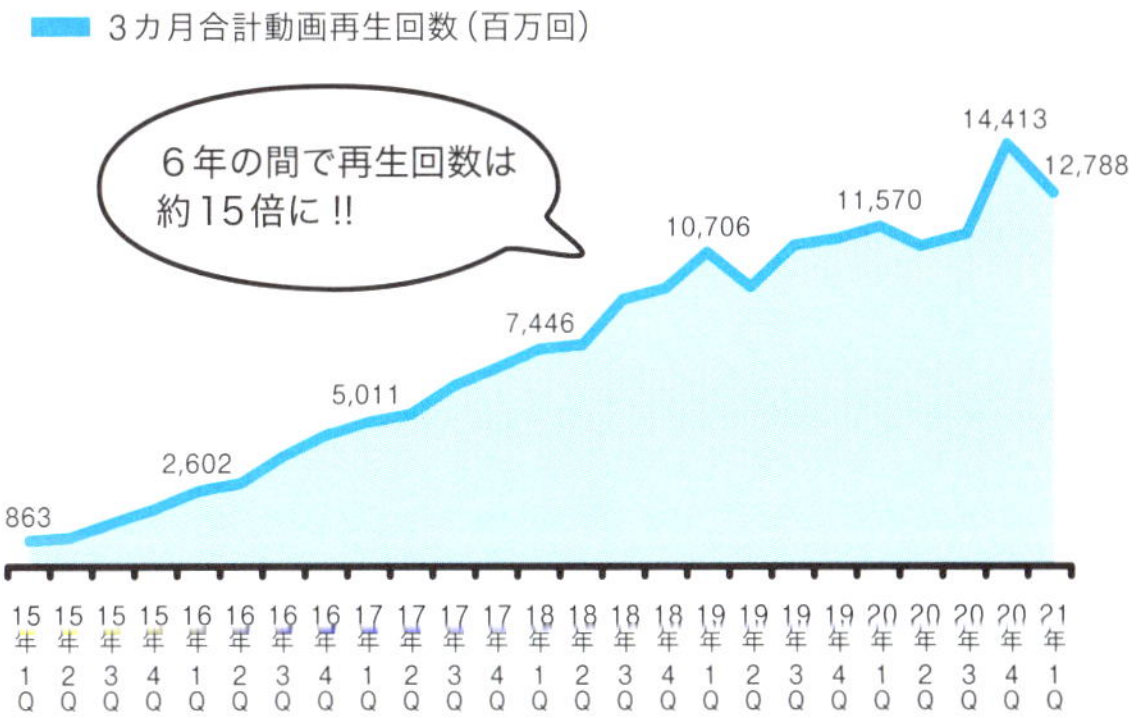

※UUUM株式会社2021年5月期 第1四半期決算説明資料を元に算出

まとめ

まずは登録者数1000人、トータル再生時間4000時間を目標にしよう！

YouTube 02

誰もが参入できるから知っておきたい、YouTube のメリット・デメリット

副業として YouTube を考えた場合の特徴は、こんなところです。

メリット

○スマホさえあれば誰でも気軽に始められる
○多くの人が見ていて人気が高い（すごく知名度が上がる可能性がある）
○多額の報酬を得られる可能性がある

デメリット

○最初のうちはなかなか動画が再生されにくい
○1円を稼ぐまでのハードルが高く、時間がかかる（1年くらい）
○ライバルが多く、しかも、すでに活躍している強敵がいる
○一度アップした動画を後から修正できない

MIND
ROAD MAP
STRATEGY
STOCK
REAL ESTATE
BLOG
YouTube

「登録者1000人、トータル4000時間再生」のハードルはかなり高いと思ってください。早い人は1カ月で達成できますが、普通は1年くらいかかります。

特に、YouTubeのアルゴリズムとして累積の再生数が多いチャンネルを優遇して推薦するようになっているので、動画をアップし始めた最初のうちはなかなか拡散されません。さらに、2020年は多くの芸能人がYcuTubeに参入してきて、ますます視聴者の奪い合いが苛烈になっています。

何より一人テレビ局といった感じで、企画構成、撮影、編集、アップまで自分でやる必要があります。凝った編集をしているYouTuberは、よく徹夜になると言います。動画もブログ同様、資産になりますが、不労所得とは言えません。

こんな風に頑張って毎週1本の動画を出しても、登録者数が増えない人もいます。そんなことにならないために、次からしっかり読んでください。

まとめ

参入は簡単。だからこそ夢も希望も挫折もある

YouTube 03

YouTubeはとにかく再生されることが一番大事

「登録者数1000人、トータル4000時間再生」を目指すために、僕はさまざまなYouTubeチャンネルを分析し、今も分析し続けています。その結論を一言で述べると、人気動画に共通する最も大切なことは「視聴者にとって何のためになるかがわかりやすい」ことです。わかりやすいのは、作る人がそこを考え抜いているからです。YouTubeを見る人の目的は、だいたいこんなところです。

- 笑いたい、癒やされたい
- カッコいい男性、かわいい女性を見たい
- 趣味に関する動画を見たい（スポーツ、音楽など）
- 勉強したい、学びたい、スキルを付けたい
- 暇つぶし、ストレス解消

このどれにも当てはまらない動画を必死に撮っても自己満足で終わります。芸術家タイプなど、我が道を行って人気が出るケースもありますが、稀です。

「動画を見てもらう＝人の時間を奪う」と僕は考えています。忙しくて他に面白いことがたくさんある現代人の時間を奪ってまで自分の動画を見てもらうメリットは何なのか？　ここをとことん考えるのがYouTuberになる第一歩です。

僕の場合は「投資の初心者に、投資で役立つ有料級の情報を超わかりやすく解説する」「実際の不動産投資家が、不動産投資のリスクや注意点を解説する」これで絶対に視聴者に損をさせない！　と決心しました。

「不動産投資で夢の不労所得」のような動画は多く存在していましたが、初心者がクソ物件を買わされてハメられていることを不動産投資家がガチで解説するのは珍しかったので、人気になりました。しかも、このジャンルは僕自身が心底楽しめるので、ネタ切れも挫折する心配もありません。

まとめ

初期投資や超高いクオリティはいらない。必要なのは視聴者目線

YouTube 04

もふ流・5つのポイントで視聴者に見てもらえる動画になる

「視聴者のためになる動画」は、どのように作るのか。僕の秘訣を公開します。結論を言うと、視聴者を明確にして、視聴者が求めているものを、最後まで見て満足していただけるように、質の高い動画を試行錯誤して出し続ける……以上です。「そんなのわかってるよ！」と怒られそうですが、聞いてください。

ポイント1 見る人はどんな人なのか

どんな人に見てほしいのか、できるだけ具体的にイメージします。男性か女性か、学生か会社員か、30代か40代か……。そのうちのたった一人を思い浮かべて、その人がどんな生活をしているのかを考えていきます。

これは「ペルソナ」といって、一人の対象者を具体的にイメージし、その人

に向けて商品やコンテンツを作っていくマーケティングの手法です。ライフスタイルや嗜好《しこう》が多様化している現代では、多くの人を対象に商品を作るより、たった一人のために作り込んだ商品がかえって広く売れる事例が増えています。

僕の動画は「30代の会社員の男性で、忙しく働いている。投資に興味があるけれど、やったことはない。知的好奇心が高い。年収は500万円くらい。将来に漠然と不安を抱いているけれど、何をしていいのかわからない」という方をターゲットにしています。だから、会社員が不安に思っていることや、僕自身が会社員をやりながら副業をしていたので、これから副業を始める方が知っておいたほうが良いと思うことを基礎からわかりやすく解説しています。

こうすると会社員しか見てくれないのでは？　と思われるかもしれませんね。でも意外なことに、僕よりもずっと規模の大きい不動産投資をしている方や、すごい会社の経営者さんなど、いろんな方が見てくださっています。

誰に向けられているのかわからない動画は誰にも刺さりません。でも、誰かに特化した動画は、多くの人、しかも意外な人にまで刺さるんです。

MIND ROAD MAP STRATEGY STOCK REAL ESTATE BLOG YouTube

ポイント2 チャンネルのコンセプトを決める

では、そのターゲットが興味を持って見たい内容はなんなのか？

ターゲットを一人に絞ったようにコンセプトもひとつに絞ります。さもないと何のチャンネルか不明確で、視聴者に「何のためになるか」が伝わりません。

このように1点突破で戦う戦法は「ランチェスター戦略」と呼ばれます。

僕はコンセプトを考えるとき、自分のような無名の人間が普通に戦っても勝ち目はないと思いました。飲食店にたとえると、何でもおいしいファミリーレストランを個人で新規に開いても、人気の大手チェーンに太刀打ちできません。

そんな不利な状況でも、どこか1点突き抜ければ、強者に勝てる可能性があります。ファミリーレストランは無理でも、脂っこいラーメン屋さんのような尖ったお店なら、個人でも闘うチャンスがありそうじゃないですか？

だから僕は「不動産投資」で1点突破することにしたのです。

動画のコンセプトは「不動産投資の本物の知識を不動産投資家から学べる」。

不動産投資に興味のない人は全く食いつかないと思いますがそれでいいのです。

欲張って「不動産、株、お金の知識が身に付き、かわいいぬいぐるみも見られるチャンネル」としたらどうでしょう？　一体何のためのチャンネルなのかわかりにくく、ブランディングとしてかなり弱くなってしまいます。

まずは1点突破。それでチャンネルのブランドを構築できたら、そこから関連するジャンルに広げていくのです。

僕の場合、不動産投資で人気が出てから、株式投資や経済ニュースに幅を広げていきました。今もいろいろな話題の動画を出して反応を見ながら、動画を見てくださる方々の興味[＊41]の幅を探っています。

注意すべきなのは、脂っこいラーメン屋さんでタピオカミルクティーを出してもお客さんの嗜好が違いすぎて売れづらいように、不動産投資のチャンネルでかわいい犬の動画を出しても反応は期待できません。ラーメン屋さんで焼豚丼や餃子が喜ばれるように、不動産投資と相性のいい話題に限定しています。

やってはいけないキャッチコピー

自分にしかわからないキャッチコピーも、最初はNGです。

＊41　1本目の動画はフォーマルっぽいのがいいかな、と思い、ぬいぐるみを置かずにシャツを着て撮影しました。そこから、ちょっとずつぬいぐるみを置いてみて、〝もふもふ〟のキャラが受け入れられるのか？ 確認していきました(笑)。ペンギンやイルカを差し棒のように使ったり、ディズニーのキャラクターで説明したりもしましたが、それは不評だったので止めました。

「このチャンネルでもふもふした人生を送れます」と言っても、「もふもふした人生って何？」と興味を持ってもらえるどころか、スルーされて終わりです。「自分の色で生きる」のような抽象的な言葉もやめたほうが無難です。

「不動産投資で初めて1棟を買う人のためのチャンネル」「これからブログを始めて収益を上げる人のためのチャンネル」など具体的な言葉で、誰もが一瞬で確実に理解できる言葉でコンセプトを表現します。

ポイント3 初心者を対象にした動画を作る

僕がブログで失敗したように、玄人やプロ向けの情報では登録者数や再生数は伸びません。数を増やしたいのだったら、初心者に向けて発信することです。

ブログでの学びをいかし、僕は動画では最初から専門用語を使わず、簡単すぎるくらいの内容をわかりやすく図を使って解説することに力を入れました。

過去の自分が知りたかった内容や実際に困ったこと、失敗談や体験談は特に人気のコンテンツです。自分にしか話せない内容なので差別化もできます。

たまに「もふもふ不動産は当たり前のことしか言っていない」「簡単すぎる」

なんて言われますが、僕はそれを聞いて落ち込むどころか嬉しく思います。初心者を対象に、という戦略がハマっているというお褒めの言葉と捉えています。

そして選りすぐりの動画を「再生リスト」にまとめると視聴者は好きなときに1から見て、「有料セミナー級のチャンネルだ」と価値を感じてくれるのです。

潜在的に興味がある人を対象にした動画も作る

ここまでやっても、ある時期に伸び悩みます。どうしてでしょう?

YouTubeで「ガッツリ勉強しよう」と思って見ている人たちは、そう多くはないからです。大多数は〝なんとなく〟暇つぶしで見ています。それも「ペルソナ」としてイメージしなければなりません。ソファで寝っ転がってポテトチップスを食べながら……と、僕だって趣味の動画を見る時はこんな感じです。

だからガチで勉強したい人だけを対象にしてしまうと、視聴者数が頭打ちになるのです。特に「不動産投資に興味がある人」だけでは、やはり狭すぎます。

そこで、いくつかは不動産投資に興味がない人の関心を引くような動画もあると、より多くの視聴者に可能性が広がります。

ブログはキーワード検索で見にきてくれる人がほとんどで、直接、不動産投資に興味を持つ人が集まります。一方、YouTubeでは〝なんとなく〟見ている層にも刺さる動画でないと、視聴者数を伸ばすのが難しいのです。

僕は実際に次の3本の動画を上げています。このうちどれが人気でしょう？

①「アパート1棟買ってみたらどうなったか？」
②「不動産投資のメリットとデメリット」
③「不動産投資で空室を埋めるテクニック」

答えは①です。「アパートをまるごと買う、って何？」「買ってどうなるんだ？」と、なんとなく興味が湧く人は結構いるものです。その動画を見て、もっと不動産投資を学びたくなった人を②の動画に誘導できるように頑張っています。

③にいたっては、すでに不動産投資物件を保有して空室に悩んでいる人向けなので、かなり視聴者が絞られてしまいます。実際、再生数は伸びていません！[*42]

これはブログと同じですが、話題のニュースについての動画は多くの人が見てくれる可能性があるので、ぜひ狙ってみてください。

ただ、何でもかんでも扱うとチャンネルのコンセプトがぼやけてしまうので、

＊42　空室対策は不動産投資の中でもっとも重要な項目のひとつですが、再生数を伸ばすという意味では向いていないようです。同じように、銀行融資で重要な「債務償還年数」について解説した動画は、過去最低クラスの再生数だったので非公開にしてしまいました。YouTuberはつねにこうした〝伝えたいことと、ニーズの違い〟のジレンマと闘っています。

僕はあくまで不動産投資から離れすぎないように注意しています。

ポイント4 動画の質を高めてYouTubeに推薦してもらう

YouTubeにアップした動画は、次の4つの経路で再生されます。

①YouTubeの推薦
②動画検索（YouTube内の検索）
③自分のチャンネル内から（再生リストなど）
④外部のサイトから

この中で重要なのは圧倒的に①です。YouTubeの推薦を得られると爆発的に再生数が増えます。

ちなみにアクセス数の多いブログやTwitterを持っていても、そこからYouTubeにほとんど流れ込みません。文字と動画の間には高い垣根を感じます。

YouTubeの推薦は2通り

YouTubeの推薦とは、まず「関連動画」に出ることです。

関連動画とは、何かを再生した後に「次の動画」として表示される動画です。視聴者が見てくれそうな動画をYouTubeが自動で表示するのですが、どういう動画を選んでいるかはブラックボックスで謎とされています。チャンネルの視聴層が似ている、視聴者の興味で関連付けている、など諸説あります。

もうひとつの推薦は「ブラウジング機能」です。YouTubeのホーム画面に表示されることで、こちらも視聴者の興味に合わせてYouTubeが選びます。

この2つの推薦がないと、再生数は伸び悩みます。では、どうしたらYouTubeに推薦してもらえるのかというと、質の高い動画を出すことです。

質の高い動画とは？

YouTubeが考える質の高い動画とは、次のように言われています。[*43]

○最後まで見てくれる人が多い（平均視聴率が高い）
○平均的に見ている時間が長い（平均視聴時間が長い）
○チャンネルにアップした動画の累積視聴時間が長く、再生回数が多い

動画をアップし始めたばかりの頃は、全く再生されない状況が続きます。そ

＊43　これは2020年現在の状況です。時代によってYouTubeのアルゴリズムが変わるのでご注意ください。昔は再生回数が重視されていたようです。

こでめげずにアップし続けていると動画が再生されていき、累積視聴時間がたまっていきます。そうすると徐々にYouTubeが推薦してくれて、拡散されるイメージです。

その他、コメント数や高評価が多いほうがいい、などいろいろなウワサがありますが、公式に発表されていないので、推測の域を出ません。

でも、YouTubeのビジネスモデルを考えると、視聴者にできるだけ長く見続けてほしいはずです。ということは、すぐに再生を停止されてしまうような動画はまず推薦しないでしょう。視聴者が最後まで見てくれる動画を作れば推薦されないはずはありません。そのためのポイントは248ページに詳しく書きます。

ポイント5 どんなスタイルで動画を作るか？

いろいろなスタイルで成功しているYouTuberがいて、「これでないと勝てない」という正解もルールもありません。だからこそ面白く、難しいのですが。

自分に合う方法を試行錯誤しながら模索していくしかないので、まずはいろいろなスタイルの動画を見ながら、自分はどうしたいか考えてみましょう。

一発撮りで編集なし

編集しなくてよいのは楽です。すぐに動画を出せるのでタイムリーなニュースネタにも対応できます。でも、そのぶんトークスキルや構成力が求められます。資料を画面に映して話す人もいますし、資料なしで喋るだけの人もいます。

このスタイルで有名なのは堀江貴文さん、高橋ダンさん、そして僕（笑）。

堀江さんは最初、ガッツリ編集した動画を出されていました。でも、2019年9月に「ヤフーによるZOZO買収の背景を話します」という、編集なしで話すだけの動画を出したところ大ヒット。「もっと話を聞きたい！」という声が殺到し、登録者数30万人から100万人を超えるきっかけになりました。どのスタイルで人気に火がつくか、あの堀江さんですらも読めなかったんですね。

編集までする王道スタイル

まず動画を撮影して、後で編集[*44]するタイプ。映像をカットして短くできたり、言い間違えても編集で直せるので、撮影は楽です。でも、編集の時間や手間が

＊44　ちなみに僕は動画編集できません。これはつまり、YouTubeに編集スキルは必須ではないということです。限られた時間の中で、どのスキルが差別化として重要なのかをよく考えて、必要なことに注力するようにしています。

かかり、タイムリーに動画を出しにくくなるというデメリットもあります。

中田敦彦さん、マコなり社長、マナブさんなどが、このスタイルです。

ちなみに、中田さんはほぼ一発撮り＋編集というスタイルだそうです。

PC画面だけで説明する

自分の姿は映さずに、PC画面を映しながら声を入れていくスタイルです。顔出ししたくない人はこのスタイルを選ぶといいでしょう。

マインドマップを使って解説したり、パワーポイントだけで解説したり、アニメーションムービーを使って解説したり、いろいろです。アニメーションはVYONDというツールが手軽にアニメーションムービーを作れるので人気です。

このスタイルでは、両学長、サラタメさん、バフェット太郎さんなどが大成功しています。

まとめ

視聴者のペルソナと初心者目線を忘れない動画でチャンネル登録者数増に！

YouTube 05

収益化できる質の高い動画を作るための6つの条件

最後まで動画を見てもらうために、絶対に押さえるべきポイントは6つです。

ポイント1 サムネイルとタイトル

サムネイルとはYouTubeのホーム画面や検索した時に表示される静止画のことです。視聴者の目に入るのは、まずサムネイル。だいたいの人は、これで面白そうかどうか判断し、次にタイトルを見て、クリックするかを決めます。

つまり、動画を見てもらえるかどうかはサムネイルとタイトルにかかっています。自分目線ではなく視聴者の立場で考えて、興味を引くか、面白そうか、見てみたいと思われるか、と考えてください……と、突き放した言い方ですみません。というのも、具体的にこれが正解！ と言えるセオリーがないんです。

静止画だけのシンプルなサムネイルでたくさん再生されている動画もあれば、ものすごく凝ったサムネイルで人気のYouTuberもいます。やはり、自分と同じジャンルで成功しているチャンネルを見ながら研究するしかありません。

ひとつ言えることは、人気YouTuberのサムネイルは統一感があり、サムネイルを見ただけで誰のチャンネルか一発でわかるほど特徴的です。だから人気動画を手本にしつつも、自分オリジナルを模索していくのが大切かなと思います。

僕のサムネイルは動画から切り抜いた画像に文字を入れています。会社員時代に時間がない中、できるだけ時間をかけず、視聴者の興味を引くにはどうしたらいいのか考えて試行錯誤した結果、この形に落ち着きました。

作る手順は、

①YouTubeの動画から1画面を切りとる
②パワーポイントにその画像を貼り、文字を重ねて入れる
③文字は「光彩」という設定にして、画像から浮いて見えるようにする
④文字は3行までにして大きく。インパクト重視！

さらに時短のために、5種類くらいの画像をほぼ使い回して①の工程を省いています。僕の顔写真の違いに興味を持つ視聴者はほぼいないと判断したので（笑）。たまに、泣き叫んだような感じなど、顔の表情で面白そうにしてみたりすることはあります。一時期、手を「×」にするのもはやりました。

だいたいの人はサムネイルの文字を見た後に、タイトルを見ます。ですので、タイトルは興味をさらに後押しするような言葉で補足するのが一般的です。でも、僕はちょっと違う方式でやっています。サムネイルの文字とほぼ同じ言葉をタイトルにも使っています。ただし、ブログで培ったノウハウをいかして、検索に上がりやすいキーワードを意識して使っています。

ぜひ実際に試してみて、よりクリックが多い方式を採用してください。

ポイント2 最初の10秒

YouTubeでは「平均視聴率」を常に気にすることが大切です。それはこのように算出します。

平均視聴率＝総再生時間÷（再生回数×動画の長さ）
例えば、10分の動画を100人が見にきて、全員が最後まで見たら総再生時間は1000分になります。つまり、
平均視聴率＝1000分÷（100人×10分）＝100%
ところが、総再生時間が400分だった場合は、
平均視聴率＝400分÷（100人×10分）＝40%
この平均視聴率をどのように高めていくかというと、視聴者維持率のグラフを見て、どこで大きく落ち込んでいるかを分析していきます。

視聴者維持率のグラフとは、動画のどの時点で何%の視聴者が残っているのかを示すものです。つまり、このグラフを見ると視聴者がどこで離脱したかが一目瞭然です。ちなみに視聴者維持率のグラフはYouTubeのクリエイターツール内のアナリティクスというページで見ることができます。

実際に2つの動画の視聴者維持率を見てみてください。

①のグラフは冒頭の10秒あたりで視聴者が急激に減っています。ほとんどの動画がこの曲線を描いているのです。

僕は10〜20分という長めの動画を出していますが、②のグラフを見ていただくとわかる通り、平均40〜50％の視聴者が最後まで再生してくれています。

これも試行錯誤の結果、視聴者に離脱されないために、最初の約10秒に次の内容を詰め込むといいことがわかりました。

○この動画の概要
○動画の解説者に値する僕の実績

視聴者維持率のグラフ

グラフ① 平均的なYouTube動画の視聴者維持率例（16.2％）

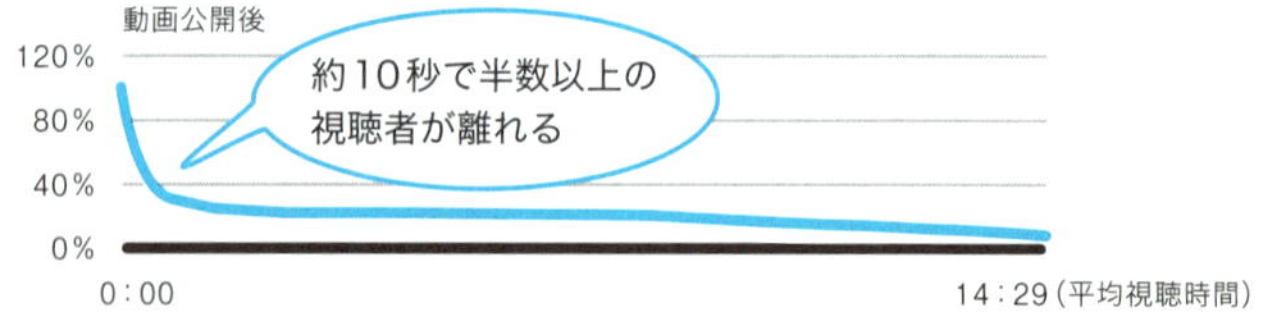
動画公開後
120％
80％
40％
0％
約10秒で半数以上の視聴者が離れる
0:00
14:29（平均視聴時間）

グラフ② もふ社長の視聴者平均維持率のグラフ視聴者維持率（56.6％）

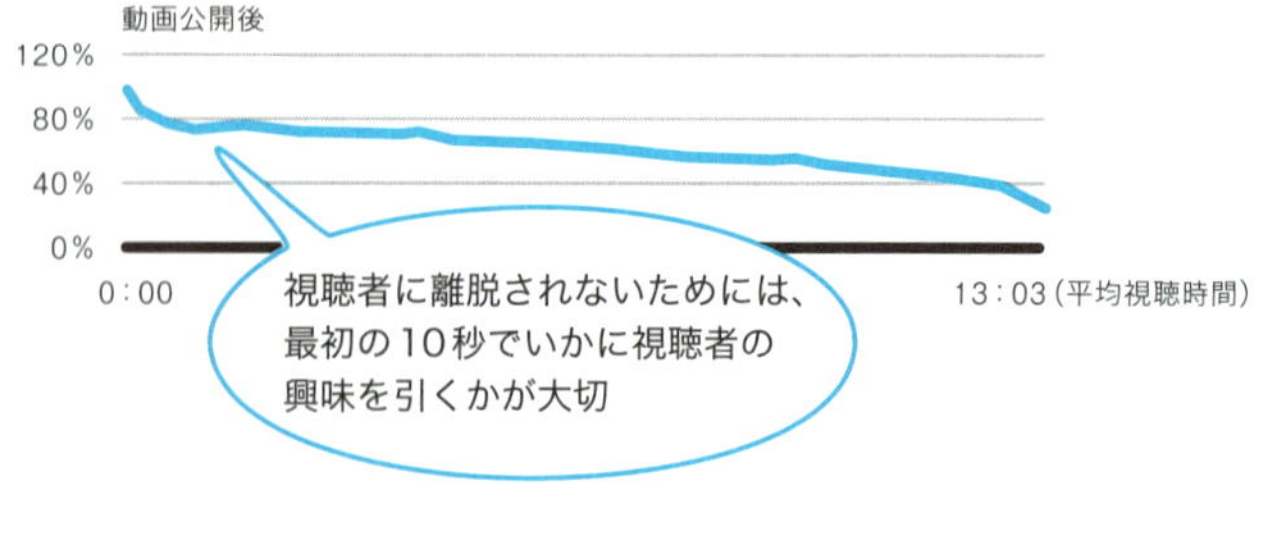
動画公開後
120％
80％
40％
0％
0:00
13:03（平均視聴時間）
視聴者に離脱されないためには、最初の10秒でいかに視聴者の興味を引くかが大切

○動画を見るメリット

つまり、会社でのプレゼンや営業と同じです！　僕もさんざん会社で「先に要点を言え」「結論から話せ」と上司や先輩に注意されました。

ただ、YouTube の厳しさは最初の10秒[*45]しかチャンスをもらえないことです。これはブログよりも厳しく、記事は斜め読みで概要を掴めますが、動画はパッと内容を把握できません。何の話かわからなければ「続けて見よう」とは思ってもらえません。

僕の実績や権威性をひとこと加えるのも大切です。なぜなら、

○ただのサラリーマンが解説する民法改正についての動画

○弁護士が解説する民法改正の動画

なら、どちらが正しい情報だと信頼できますか？　やはり弁護士さんの動画ですよね。特に僕の場合は「不動産投資家です」だけでは説得力が足りないので、「2014年から不動産投資をやっていて、これまでに10棟購入してきた不動産投資家です」と専門性をアピールしています（長すぎると逆効果です）。

さらに、メリットを強調します「この動画を見ることで、不動産投資で、

＊45　YouTube 上には面白い動画が無限にあるので、つまらないと思われたらすぐに動画を離脱されてしまう厳しい世界です。初めの10秒で離脱されないで動画に興味を持ってもらうことはとても重要です。

物件を買って破産してしまうリスクを減らすことができます」というように。

インパクトを出すために「プロスペクト理論」をよく使います。何かを得られるよりも失うほうが精神的なダメージは大きいとされていて、「1万円稼げます」ではなく「1万円失わない方法があります」と言うほうが効果的です。

ポイント3 台本の作り方

僕の場合は、次の流れで動画を作製しています。

①台本を作る
②パワーポイントで資料を作る
③撮影をする

台本は、内容を一言一句書いて読み上げていく方もいますが、僕は構成を考えるために、次の内容を箇条書き程度にメモして[*46]動画の骨組みを作るだけです。

○この動画の対象者は誰か？
○見た人にとって、何が役に立つのか？

＊46　分かりやすく構成を作るスキルとして、ロジカルシンキングという「物事を体系立てて整理して思考する」という考え方が役に立ちました。いろいろと本が出ているので、興味がある方は勉強してみてください。会社の仕事でもこのスキルは役に立ちました。

○概要（YouTube の概要欄に書いているような2～3行のまとめ）
○権威性
○主張（最終的に伝えたい結論）
○理由（主張を裏付ける説得材料）
○どうすべきか（見た人がどう考えて、どんな行動をとるとよいか）
○具体例（主張、理由、どうすべきか、それぞれ例として挙げられること）

台本の時点で不明確なものは、動画にするともっと意味不明に終わります。

台本ができたらパワーポイントの資料作りです。できるだけわかりやすく、余計なことは省いて、必要最低限で説明できるようにします。

余計なことをだらだらと話して引き延ばすと視聴者に離脱されるので、核心を衝いた内容をガンガン突っ込んでいきます。

ポイント4 話す練習をする

話術の才能はいりません。才能ではなく練習次第です。YouTuber たちの話がうまいのは、毎日撮影することで、それが話すトレーニングになるからです。

僕はこれまで500本以上の動画を撮影して、どう話せば視聴者にわかりやすく伝わるのか試行錯誤し、データを見て分析して……と繰り返してきました。

僕の最初の動画を見てください。かなりテンションが低く、やる気なさそうに見えます。実際、カメラに向かって一人で話すのは変な感じがしていました。

また参考までに現在人気のYouTuberの1本目の動画もぜひ見てください。今、堂々と完璧にプレゼンされている方々も、申し訳ないですが「声を発したことがないのでは？」と思うほど、最初はか細い声でボソボソ喋っていたりします。

皆さん何百本と動画を出し続ける中で、日々、話し方のスキルを上げ、さまざまに工夫して今のスタイルに行きついていることがわかります。[*47]

初めて動画を撮る時は、3回くらい練習で撮ってみて、4回目くらいに撮った動画をアップするのがいいと思います。

カメラの前で話すのは、かなり緊張します。それを克服するためにも、数回

＊47 よく「話す才能があっていいですね」と言われますが、才能というよりも圧倒的な練習の成果だと思います。みんな才能だと思っていて、練習していないので口ベタな人にもまだまだチャンスがあると思っています（新入社員の頃は、僕の説明がわからなさ過ぎて怒られまくっていたくらいなので……）。

練習してから撮影するとスムーズに説明できるようになるので、慣れていない方にはおすすめです。

一発撮りで10分の動画なら、6回やり直しても1時間です。編集作業は何時間もかかるので、編集を極めるくらいなら話し方を極めるほうが短時間で高い利益を出せるようになる、と僕は考えています。

ちなみに僕は最近セミナー講師をさせていただくこともありますが、1〜2回は通しで練習してから本番に臨みます。2時間のセミナーなら練習だけで4時間以上です。でも、そうすることで時間の調整ができるようになったり、流れが驚くほどわかりやすくなります。みんな陰では地道な努力をしています。

ポイント5 最適な動画の長さ

これもバシッとした答えはなく、「視聴者に伝えたい目的を達成する最短の時間」という言い方になってしまいます。

伝えたい内容をわかってもらうのに10分話すべきなら、10分の動画にしましょう。だらだら引き延ばすのは視聴者の時間を奪うだけですし、反対に、5分にはしょってしまっても物足りない印象になります。

まだファンがついていないうちは特に離脱されやすいので、5～10分くらいの動画で説明できる簡単な内容を選ぶとよいと思います。

ちなみに僕の最終目的は、最後まで見てもらい「面白かったし役に立った。また動画を見たい」と思ってチャンネル登録してもらうことです。

ポイント6 データ分析

30本くらい動画をアップしたら、データを分析することをおすすめします。

○よく再生された動画はどれか（タイトルの下の視聴回数をチェック）
⬇なぜ再生されたか、今後どんな動画が求められるか、仮説を立てる。
○平均視聴率の高い動画、低い動画はどれか
⬇自分がどんな話し方をしているか、他人だと思って分析する。
○どの動画からチャンネル登録されているか（アナリティクスを見る）
⬇もっと増やすにはどうすべきか、視聴者が求めていることを探る。

とにかく試行錯誤が大事で、僕も常にデータを見ながら考え続けています。

もしも、見てくれたのが数人とか、チャンネル登録者数が一人だったとしても落ち込む必要はありません。その一人が何を望んでいるのか、どうしたらもっと喜んでくれるか、徹底的にフォーカスして[*48]最大の満足を与えましょう。

かなり知名度のある人でも、軌道に乗るまでに最低1年はかかるものです。

万一、ずっと0なら、ライバルの少ないジャンルを狙って新チャンネルを立ち上げてみるのもいいかもしれません。

そして、その1本目に自信のあるネタで力作をぶつけてみてください。1本目が一番再生される可能性が高いので。

まとめ

入り口になるサムネイルと最初の10秒、そして動画の分析が他と差をつける

＊48「100人しか登録してくれていません……」と落ち込んでいる方もよく見かけます。伸びる人の思考は、「今、登録してくれている100人がどうやったらもっと満足してくれるか？　何を求められているのかな？　どうやったらもっと価値を提供できるのかな？」と考えています。プラス思考は大事です！

YouTube
06

年齢も才能も問わない、誰にでもチャンスのあるYouTube

YouTubeは誰もが気軽にチャレンジできる副業です。僕の機材は、

○iPhone（マイクもiPhone内蔵マイク。YouTubeへのアップもiPhone）
○iPhoneのスタンド
○ノートPC（サムネイルとパワポ資料作成用。必須ではありません）
○テレビ（ノートPCのパワポを映すため。必須ではありません）

動画1本作成するのに、早いケースではこんな感じです。

○構想を練る（歩きながら）
○台本と資料作製（30分）
○撮影（20分）
○アップロード（10分）

○サムネイル、タイトル、概要欄を追加（20分）

でも、YouTubeを始めたほとんどの人が動画投稿をやめていく厳しい世界です。ここまで読んでわかる通り、簡単に再生数が増えて収益が上がるわけではないからです。そして、どんな動画が人気になるのかは、予想するのが難しい。出してみないとわからない、というのが本音です。

けれど、誰の中にも爆発的人気を呼ぶかもしれないコンテンツが眠っています。友達に何かを教えて「ありがとう！　役に立った」と喜ばれたことはありませんか？　何もなければ、それはそれでネタになるかもしれないし、そんな自分から抜け出す方法なんていうのもネタにできるかもしれませんよね。

僕は「会社員で不動産投資家」という珍しさと、「いかつい顔」が印象に残るようで、それが有利に働きました（冗談ではなく）。自分のどこにスポットを当ててると一番輝くのか、カメラの前で探ってみてください！

まとめ

スマホと、人に役立つネタがあれば、月収100万円も夢じゃない

まとめ 01

稼ぐチャンスとタイミングは「今、やる人」にだけ訪れる

ここまで読んで、楽しそうだな、と思ったものはありましたか？

成長株投資が面白そうなら、試しに何か買ってみてください。お金を失うのが怖ければ、SBIネオモバイル証券では500円くらいから個別株を購入できます。500円も惜しければ、Tポイントを使って投資の練習もできます。

不動産投資に興味を持ったなら、物件情報を検索したり、専門書を読んでみることから始めてください。ブログができそうだと思ったら、さっそく1本、書きましょう。YouTubeなら、カメラをオンにして喋ってみましょう。

万一、どれも合わないと感じたら、ぜひ別の副業を探ってみてください。絶対に「楽しそう！」と思えるものが見つかります。

もしかしたら、頑張ってやってもうまくいかず、諦めることがあるかもしれません。僕も諦める時はあります。そういう時は「時間を無駄にした」ではなく、「新しい経験が積めて良かった」と思うようにしています。次に新しいことを始める時に、その経験が必ず糧になるからです。

僕はブログで最初は苦戦しましたが、その後YouTubeを始めたときは即効で収益化しました。ブログで試行錯誤した経験のおかげです。

チャンスはいきなり来ます。でも、何の経験もないとチャンスを見抜けません。僕はYouTubeをやってみて「これは大チャンスだ」と手応えを感じましたが、ブログの経験がなければチャンスということに気づけなかったでしょう。

有名な『金持ち父さん 貧乏父さん』(ロバート・キヨサキ著、筑摩書房)の最後のページは、このように締めくくられています。

『いますぐ行動しよう!』

まとめ

「おもしろそう」「やってみたい」で止まらない。まずは行動を!

まとめ 02

もっと稼いで、もっと飛躍するために
夢は常にアップデート

「どういう生活がしたいのか」「人生の夢は何なのか」最初は半信半疑で書いた僕ですが、書いた夢は不思議と実現していきました。最初に書いたのは「月にあと5万円稼ぎたい」でしたが、どんどん夢が叶っていくたびに、その夢をアップデートしてきました。今はYouTube[*49]のコンサルティング事業や学校を立ち上げて、多くの人を応援しています。また、月収1000万円が安定して入るような新しいビジネスも始めました。次はそのお金で宇宙の始まりなどを研究する「もふもふ研究所」[*50]を作り、研究者を正規雇用して日本の科学技術の向上に貢献したいと思っています。そして、僕の経験をいかしてたくさんの人の役に立ちたいという夢は、この本を書くことで大きく前進しました。

富裕層には「脱サラしてセミリタイアしたい」という夢を掲げて資産を築か

＊49　法人向けのYouTubeコンサルティング事業や、YouTubeの学校を行っています。https://white-sun.co.jp/

＊50　理論系の研究所を作って、宇宙の最大の謎のひとつであるダークマターの研究などをサポートしたいと考えています。

れた方々が多くいます。一方で、本当にそれが叶ったら、何もすることのない毎日が退屈で、生き甲斐がなくなってしまった、という話もよく聞きます。

南の島のビーチで読書をしながらゆっくり生活する……そんな生活も一見よさそうですが、10年も続いたらどうでしょう？　僕なら1週間で砂浜を見飽きてしまいそうです（それが本当の夢だという方なら素晴らしいと思います！）。

僕はそういうタイプではなく、面白そうなことを全力でやり続けられる今が最高に楽しいんです。だから会社を辞めてからも、のんびり過ごすというよりは、むしろより自由にやりたいことを思いっきりやっています。

夢や目標は人それぞれです。夢をアップデートしながら、そのつど、それはどんな生活か？　その生活にはいくら必要か？　その資産をどうやって稼ぐのか？　具体的にイメージして行動すればするほど、その夢は実現に近づきます。

皆さんも自分で稼ぐ力と自由な時間を手に入れて大きな夢を叶えてください。

まとめ

叶えた夢より大きな夢を描くから、収入も世界も広がる！

おわりに

最後まで読んでいただきありがとうございます。

2008年に会社が潰れたらどうしようという不安からスタートして行動し続けてきました。何をしていいのかわからずにひたすらTOEICの勉強をしたり、C言語を勉強してみたり、もがき続けてました。13年たった今、当時からはまったく想像がつかないような場所にいます

厳しい状況に直面した時、あきらめて自暴自棄になることもできます。一方で、自分で何とかしようと、何をしていいのかわからなくとも動き続けることもできます。どっちを選択するかは、その人次第です。そしてその選択によっ

EPILOGUE

おわりに

て、大きく人生が変わっていきます。

ピンチはチャンスという言葉があります。

僕自身、リーマン・ショックで会社が潰れかけていなかったら、今みたいに自分で稼ぐ力を身に付けようという危機感もなく、会社で普通に働いていたと思います。ピンチがあったからこそ、それをチャンスにできたのかもしれません。

今、新型コロナウイルスの影響で世界全体が未曽有の事態に陥り、厳しい状況に置かれている方もいらっしゃると思います。人類にとって初めての先の見えないこの危機に、絶望することもあるでしょう。

でも、これをきっかけに自分で稼ぐ力を身に付けようと思って行動することもできます。この本はそんな方へ向けて、僕がどうやって稼げるようになったのか？　体験談をもとに伝えたいという思いで執筆させていただきました。

この本では、株、不動産投資、ブログ、YouTubeでのお金の稼ぎ方について解説しています。こんなにできてすごいと思われるかもしれませんが……それには秘密があります。僕は同時にすべて習得したわけではなく、長い時間をかけてひとつずつ習得してきました。

株式投資は2008年から、不動産投資は2014年から、ブログは2016年から、そしてYouTubeは2018年からスタートしています。どれもすぐに成功したわけではなく、すべて3年くらいかけて勉強と実践を積みながら習得しています。

勉強し始めた当初はわからないことだらけで、いろいろととても時間がかかると思います。でも一度習得すると、時間が掛からなくなります。

そうやって、新しいスキルを習得して軌道に乗せて時間が取れるようになってきたら、また面白そうなスキルを習得するというのを繰り返してきました。

焦る気持ちはあるでしょうが、いきなりすべてを同時に始めると破綻してしまうので、まずはひとつ何か稼げるものを作るというところから地道にスタートすることがおすすめです。

そしていろいろと経験を積むと、新しいことを習得するスピードが早くなっていきます。よく「もう歳だから新しいことを覚えられない……」と自虐を言う方もいますが、僕は逆です。歳を重ねればどんどんどん習得が早くなっていっています。経験がモノを言うこともあるんです！

これもまた最初にお話をした「考え方」です。ピンチを挑戦の機会として、ポジティブに考えれば、想像していた以上の未来が手に入るのです。

「年齢」「仕事」「学歴」など、いろいろなマインドブロックで自分の行動にストップをかけている方も少なくありません。それはあまりにももったいないです。しがらみに囚われることなく、いろいろな事に興味を持って、新しいことにチャレンジし、楽しみながら継続して、そして自分で稼ぐ力を身に付ける方が増えてくれればいいなと願っています。

本当にこの本を手に取っていただき、ありがとうございました。YouTubeもTwitterでも変わらず発信していきますし、セミナーなども行っています。なにか疑問や不安があれば、ぜひ僕にたずねて下さい。僕が憧れの人に会いに行き人生が変わったように、もしかしたら何かに気づくきっかけを伝えられるかもしれません。

いつかどこかでお会いできたときに「この本をきっかけに、自分で稼ぐ力を身に付けることができました！」というお声がきけたら、これほど嬉しいことはありません。

本当にありがとうございました。

もふもふ不動産@もふ社長

本文デザイン・図版　荒木香樹
編集協力　　知野美紀子　深谷恵美

※この本は、さまざまな投資などのヒントとしてお伝えしております。
本書の情報によって生じたいかなる損害について一切の責任を負いかねますので、実際の投資などにおいては自己責任としてお願いいたします。
※掲載されている、数字や情報は2021年1月時点のものです。

もふ社長@もふもふ不動産
株式会社White Sun代表取締役、経営者、投資家。
会社員として研究開発の仕事をしていたが、2008年のリーマン・ショックで会社が潰れかけたことをきっかけに副業を始める。株式投資、不動産投資、ブログ、YouTubeで稼げるようになり、2019年3月末で会社を退職。YouTubeでは投資や経済など役立つ情報を発信し続けている。
もふもふしたものをこよなく愛する。

〈公式サイト〉
https://mofmof-investor.com/
〈YouTube〉
https://www.youtube.com/channel/UCsWTZ4nYODCwlE8rdv7DZzA
〈Twitter〉
https://twitter.com/mofmof_investor

ニューノーマル時代《じだい》の自分《じぶん》で稼《かせ》ぐ力《ちから》

2021年2月10日　初版発行

著者／もふ社長《しゃちょう》@もふもふ不動産《ふどうさん》

発行者／青柳 昌行

発行／株式会社KADOKAWA
〒102-8177　東京都千代田区富士見2-13-3
電話　0570-002-301(ナビダイヤル)

印刷所／図書印刷株式会社

●お問い合わせ
https://www.kadokawa.co.jp/（「お問い合わせ」へお進みください）
※内容によっては、お答えできない場合があります。
※サポートは日本国内のみとさせていただきます。
※Japanese text only

定価はカバーに表示してあります。

ISBN 978-4-04-605076-2　C0033